Jürgen Leuchauer

„GLACHD WERD etz erschd rechd!"

Nürnberger und fränkischer Humor in Pandemiezeiten – Band 3

VERLAG NÜRNBERGER PRESSE

GLACHD WERD
etz erschd rechd!

IMPRESSUM

Gestaltung	Lucia Geitner
Autorenfoto	Ati Schepers
Satz	Druckerei Emmy Riedel · Gunzenhausen
Gesamtherstellung	© Verlag Nürnberger Presse
	Druckhaus Nürnberg GmbH & Co. KG

Faulenzen und chillen in Pandemiezeiten ist die Kunst,
sich beim Nichtstun nicht zu langweilen,

Typisches Verhalten in Corona-Zeiten:
Der Mann nimmt zu, die Frau nimmt übel.

GLACHD WERD
etz erschd rechd!

INHALT

INHALT

INHALT

VORWORT

Angefangen hat die ganze Geschichte dieses Buches mit einem kurzen Gespräch mit meinen Publizisten-Kollegen Erich Hübel und Dr. Norbert Autenrieth vom Autorenverband Franken und vom Collegium Nürnberger Mundartdichter. Die beiden hatten dankenswerterweise eine Initiative gestartet, um in diesen etwas schwierigen Corona-Zeiten das fränkische Autorenfenster zusammen mit zahlreichen anderen Autorinnen und Autoren nach außen offen zu halten. Es ging um einen wöchentlichen Rundbrief. Damit sollte der Kontakt zu vielen mundartinteressierten Menschen nicht einschlafen. Eine gute Sache.

Ihre Anfrage nach Mitarbeit habe ich sofort bejaht, wollte aber rhetorisch eher die lustige humorvolle, weniger aber die ernste oder nachdenkliche Schiene fahren. In einer partiell problematischen Zeit wollte ich stimmungsmäßig *„eimbfach aweng korzweilich und amüsand"* dagegenhalten. Die anspruchsvolle Lyrik ist nicht so mein Ding. Obwohl das letzte Kapitel doch den Versuch darstellt, ausnahmsweise *„aaamol aweng ernsd"* zu schreiben (Herbst in Nürnberg).

Ich wollte eigentlich auf der Straße des Frohsinns einfach noch ein paar blühende Blumen pflanzen! (*„Allmächd, hob ich den Schmarrn edz grod wärgli gschriebm? Ich glaab scho!"*)

Die unerwartet vielen netten Zuschriften auf mein wöchentliches *„Gschmarri"* während des Lockdowns haben mich immer wieder bestärkt, *„scho nu aweng weider zu machn."* Bei allen meinen Lesern, natürlich auch bei allen meinen Leserinnen, möchte ich mich an dieser Stelle wirklich höflich und herzlich bedanken für die netten Rückmeldungen, für den imaginären Applaus und für die Geduld, *„jede Wochn su viel Gschmarri auszuhaldn."* Und so ist natürlich die Idee entstanden, eine Auswahl dieser wöchentlichen *„Blödsinnszettel"*, manchmal auch als wöchentliche *„Sonntags-Gschmarri-Zettel"* bezeichnet, als Band Nr. 3 meiner Mundartreihe herauszubringen.

Kleiner Hinweis: Nicht alle Kapitel sind durchgängig in fränkischer Mundart geschrieben. Bei manchen Themen war eine erklärende hochdeutsche Sprache einfach besser verständlich. Ist hoffentlich in Ordnung so. Außerdem: Die Reihenfolge der Kapitel in diesem Buch spiegeln nicht unbedingt die chronologische Reihenfolge der aktuellen zeitlichen Ereignisse.

Bedanken darf ich mich aber auch für die zahlreichen Anregungen, Hinweise, und die vielen Zettel, die mir zugesteckt wurden. Denn beileibe nicht alles, was auf den folgenden Seiten auf die Leser zukommt, stammt nur und ausschließlich aus meiner Feder. Lustige Fetzen aus den Weiten des Internet, dazu erlebte oder erfundene kleine Geschichten von Nachbarn, Freunden oder Stammtischkollegen waren es wert, hier verankert zu werden. Somit ist dies auch eine Sammlung von meist fränkischem Blödsinn, um den oftmals nur ernsten Gedanken in einer schwierigen Zeit Paroli zu bieten.

Und zum wiederholten mal darf ich hier an die Worte meines Opas erinnern, dessen Lebensmotto lautete: *„Is Lebm is zu korz fir a langs Gsichd."* Recht hatte er. Diesen Satz schiebe ich mir pädagogischerweise selbst immer wieder impfmäßig sowohl subkutan unter die Haut als auch ankermäßig hinter die Großhirnrinde.

Aber jetzt: *„XBG"*, d. h. *„Xund bleim, gell!"*, und viel Spaß beim Lesen.

Jürgen Leuchauer, 2021

LIEBE LESENDE (mein Gott, diese Gendersprache nervt mich!!!),

haben Sie sich schon mal Gedanken gemacht über den Wandel der Sprache, gerade in diesen stürmischen Corona-Zeiten? Nein? Ist sicher interessant. Probieren wir's zusammen.

Sprachveränderungen im Wandel der Zeiten hat es ja schon immer gegeben. Ganz früher fanden lateinische Begriffe Einzug bei uns, viel später so manches französische Wort aufgrund der Besatzung durch das französische Revolutionsheer. Dann kamen die Amis. Nicht nur deswegen, sondern auch, weil die englische Sprache zu einer der Welt-Verkehrs-Sprachen avancierte, ging es auch bei uns rund mit vielen Anglizismen.

Aber nicht nur englische neue Begriffe, auch bisher ungewohnte deutsche Idiome haben sich in unseren täglichen Sprachgebrauch einfach so eingeschlichen. Neologismen nennt man das. Die Pandemie hat uns neue Wortschöpfungen gebracht.

Räumliche Distanz oder physische Trennung wird mit „Social Distancing" bezeichnet. Erst hab ich gedacht, das wäre ein neuer Tanz. Falsch gedacht. Ich habe auch gelernt, dass es Risikogruppen gibt, Kloorollenhamsterer gibt es, Systemrelevanz wäre ganz wichtig. Epidemiologie, Pandemie, Seucheneindämmung, Premiumkontakte, Geisterspiele beim Fußball tauchten auf einmal im allgemeinen Sprachschatz auf, und es wurde behauptet, dass man „Quarantäne" ohne „u" ausspricht. Glaub ich nicht. Sonst müsste es statt Quelle ja Kelle heißen. Außerdem: „Stay-at-home-Fotos" werden gefälligst „gefotoshopt", bevor man sie dann „postet." Au weia.

Viele Menschen bei uns arbeiten momentan, vielleicht aber auch längerfristig, im „Homeoffice." Nur bei uns. In England ist dies das Innenministerium. Wenn da von zuhause aus gearbeitet wird, nennt man das „wfh", also „working from home." Der „Lockdown" im englischen bedeutet das Abriegeln eines Hauses, der „Shutdown" bezeichnet die Stilllegung eines Betriebes. Auch lustig: Wenn zu viel finanzielle Förderung vom Staat in Anspruch genommen wird, muss das Geld „zurückerstattet" werden. Wurde es auch „hinerstattet?" Warum sagt man nicht einfach „zurückzahlen"?

Kommen wir zur Grußkultur. Wir haben ja einen ausgeprägten Hang zu Abkürzungen. Fast schon akzeptiert ist mittlerweile die schriftliche Grußformel „MfG", also „mit freundlichen Grüßen." Immer öfter liest man in letzter Zeit „BSG" oder „BG", also „Bleiben Sie gesund" oder „Bleib gesund." Natürlich haben die Franken sofort ein adäquates Pendant geschaffen: *„XBG"* schreiben wir, das heißt *„Xund bleim – gell."*

Die „Mund-Nasen-Schutzmasken" sind ja wirklich wichtig und auch sinnvoll – wie übrigens jede Maßnahme, die uns vor dem unwiderruflichen Ableben bewahrt. Aber diese Masken erfreuen sich ja nicht nur allgemeiner Beliebtheit. Gerade bei Brillenträgern, wenn die Gläser bei jedem Ausatmen beschlagen, da hört man die fantasievollsten Bemerkungen unter der Vermummung. Im Übrigen war ich heute auf der Bank – mit Maske! Vor einem halben Jahr noch unvorstellbar – oder? Und jetzt MUSS man maskiert auf die Sparkasse. Na ja. *„Schaud hald aweng grimminell aus."*

Zum Schluss natürlich noch mal ein kleiner fränkischer Aspekt: Gewohnt flexibel und gewohnt humorvoll kreativ waren die Franken bei der Erfindung von lustigen Bezeichnungen für diese Masken: *„Goschn-Bämbers"*, *„Zinkn-Etui"*, *„Mumbfl-Verstegger"*, *„Schläbbern-Deggl"*, *„Gschmarri-Filder"*, um nur einige zu nennen. *„Ja, mir homm hald Fandasie!"*

WEIHNACHTEN IN DER PANDEMIE 1

Es geht um die Vorweihnachtszeit und natürlich auch um Weihnachten selbst. Nicht alles, was man mir erzählt hat, habe ich auch geglaubt – gell. Aber eines weiß ich: Manche Menschen übertreiben immer alles. Z. B. die Menschen bei uns in der Straße übertreiben es mit der Weihnachtsbeleuchtung.

Innen und vor allem außen. Links und rechts der Häuserfront. Taghell ist es da nachts.

Angeblich hat neulich bei uns in der Straße eine zweimotorige Cessna versucht, zu landen.

„No ja, ich waß aa ned rechd."

Da passieren schon noch lustigere Geschichten. Ein befreundetes Ehepaar wurde in der Stadt von einem Regional-Sender interviewt.

Der Außenreporter zur Frau. „Gnädige Frau, was wünschen sie sich zu Weihnachten?"

Darauf die Frau: „Die Scheidung."

Dann der Kommentar des Mannes:

„Suviel wolld i eichendlich gor ned ausgebm."

Jaa, die Weihnachtswünsche!

Der kleine Sohnemann meines Nachbarn ist sehr Technik-affin, weil man ihn auch frühzeitig an den Segnungen der modernen Technik hat teilhaben lassen. Trotzdem bekam er zu Weihnachten einen Goldhamster geschenkt. Dem wollte er tatsächlich eine Batterie hinten reinstecken.

So etwas wenn man hört, bekommt man doch posttraumatische Belastungs-störungen *„einschließlich Gänsehaud aff der Gnäischeibm – odder ned?"*

Der Neffe vom Schwippschwager meiner *„Kusiine"* dritten Grades kennt jemanden vom Erzählen, dessen Sohn sich ein Smartphone zu Weihnachten gewünscht hat.

Sein *„Babba"* hat ihm eines mit koreanischer Herkunft geschenkt.

Darauf der Sohn: *„Babbaaa, ich mecherd obber a i-Phone."*
Antwort des verärgerten Vaters: *„Einen Scheiß gräigsd du."*
Darauf wieder der Sohn:
„Hobbi doch grod scho gräichd, dou – des koreanische."

Ich selbst hab jedenfalls zu Weihnachten ein Rasierwasser geschenkt bekommen. Nur die Marke hab ich noch nicht gekannt. Da stand drauf „Tester."

Vor den Ausgangsbeschränkungen gab es ja doch noch den einen oder anderen Verwandtschaftsbesuch. So auch bei unserer fränkischen Musterfamilie. Der *„Babba"* war stolz, weil der kleine vierjährige Sohnemann schon so einen enormen Wortschatz sein eigen nannte. Und das wollte der *„Babba"* dem Besuch auch gefälligst demonstrieren. *„Bubi"*, sagte er, „sag mal schön Rhinozerus." Worauf sich der Kleine an der Sessellehne hochangelte, in die Runde blickte und fragte „Zu wem?"

Natürlich kann man sich dem Weihnachtsthema auch etwas weniger pathetisch nähern.
Hier bitteschön:
In der Restaurantküche sagt der Chefkoch zum zweiten Koch: *„Zerleech doch amol däi blöde Gans."* Worauf dieser antwortet: *„Wäi redn den sie vo unserer Kollegin?"*

Auch schön:

Die eine Kollegin sagt zu anderen: *„Der Heilische Obnd fällt heuer af an Freidooch."*
Darauf die andere: *„Hoffendlich ned affn dreizehndn."*

WEIHNACHTEN IN DER PANDEMIE 2

Niemand sollte behaupten, in Franken gäbe es in der Weihnachtszeit keinen Nonsens, keinen Blödsinn und keinen Humor. Doch, gibt es. Auch bei Corona.

Hier ein paar exemplarische Beispiele.

Mein Nachbar, ein überzeugter Pils-Trinker, hat sich vom Getränkemarkt drei Flaschen Weizenbier mitgebracht. Auf meine Frage, ob er jetzt seine Trinkgewohnheiten geändert hat, gab er zur Antwort: *„Naa, naa, däi wern am Dreikönigsdooch aafgmachd. Des sin nou di drei Weizn asn Morgnland – gell."*

Am Vortag des Heiligen Abend hat er im Wohnzimmer den Baum aufgestellt. Etwas weit hinten in der Zimmerecke. Seine bessere Hälfte – er selbst ist ja die verbesserte Hälfte – hat ihn aufgefordert:
„Moo, konnsd du mir amol den Baum vurschdelln?"
Darauf er: *„Also guud, Frau, des is der Baum, Baum, des is mei Frau!"*

Und dann der Baum selber! Schon beim Aufstellen hat der stark genadelt.
Kommentar meines Nachbarn:
„Derbei hobbin doch eggsdra fräih kafd. Im August!"

Höhepunkt aber war der Christbaumkauf meines Stammtischkollegen. Zusammen mit seiner Frau. Er hat einen Baum präferiert, der keinen Schönheitswettbewerb gewonnen hätte.
Kommentar des Verkäufers:
„Der is scho aweng ald, und grumm und schief isser aa."
Daraufhin mustert die Frau meinen Stammtischler und sagt:
„Noja suwos hobbi doch scho derhamm."
Dann wieder der Verkäufer:
„Dou häddi an, der is obm schmal und undn gscheid braad."
Konter meines Stammtischlers mit Blick auf seine Frau:
„Und suwos hob iich scho derhamm!"

Das war übrigens die selbe Frau, die erzählt hat: *„Ich hob an Glühwein eigfrurn. Den doui am Wochnend aafdauer, nou douin haaß machn. Und bevur mer den dringkn ko, mouin hald aweng kald wern loun."*

Und nun jauchzet und frohlocket, weil Weihnachten auch beschrieben wurde von den berühmten Philosophen und Vordenkern unserer Nation.

Also z. B. von Johann Wolfgang von Goethe, Friedrich Schiller, Immanuel Kant, Georg Wilhelm Friedrich Hegel und Loddar Maddäus.

Hier einige Beispiele.

„Scheinheiligkeit ist, wenn man das ganze Jahr die Pille nimmt, und an Weihnachten singt: Ihr Kinderlein, kommet …"

Weihnachten ist gerade vorbei, Silvester steht vor der Türe.

Das Bekenntnis „Ich esse nie mehr so viel" wird bald ersetzt durch das Bekenntnis „Ich trinke nie mehr so viel!"

Prinzip Hoffnung:

„Ich bekomme bestimmt viele Geschenke, weil ich immer artig war. Mal unartig, mal abartig, meistens eigenartig, aber immer einzigartig."

WEIHNACHTEN IN DER PANDEMIE 3

Die Zettel mit meinem Wochenend-Gschmarri gehen – so sagt man mir – hinaus in alle Welt. No sauber.

Viele meiner Leser schicken diese hochgeistigen Perlen fränkisch-humorvoller Geschichten weiter an Verwandte, Bekannte, Freunde, Nachbarn usw. Mittlerweile gibt's verschiedene Arten von Echo. Die einen bestätigen mir wirklich sinnvolle Schreiberei, also Unsinn, Stumpfsinn, Schwachsinn, Blödsinn etc. Die anderen finden es lustig und steuern ein paar Geschichten bei – mit der Erlaubnis der ungefilterten Weitergabe. Mach ich hiermit.

Es geht um einen Bekannten vom Kumpel meines Nachbarn, dessen Arbeitskollege der Schwippschwager vom Dings ist – na ja, vom Dings halt – *„is ja eigendlich Woschd."*

Auf die Frage seines kleinen Sohnemannes, was denn mit den Schokolade-Weihnachtsmännern passiert, die im *„Subbermargd"* nicht verkauft werden, hat er dem Kleinen geantwortet:

„Däi wern eigschmolzn und als Organschbende
fir di Osderhasn verwended."

So erklärt man den Jungen die Begriffe „soziales Wohlverhalten", „Ressourcenverwertung" und „Nachhaltigkeit." Vorbildlich!

Als die Nachbarin das gehört hatte, hat sie ihr weißes (weises?) Haupt geschüttelt.

Frage des Mitbewohners im Treppenhaus: *„Wäisu weiße Hoor?"*

Antwort des Ehemannes der „Weisen": *Däi hod is Hoorschbräi midn Schneeschbräi vom Grisdbaam verwechsld."*

Außerdem hat sie sich als Genderfeministin tatsächlich aufgeregt und gefragt, warum der Baum „NordMANNtanne" heißt.

Dabei weiß man doch: Diese Eigennamen gelten für die ganze Welt und deren angrenzende Ortschaften. Diese Frau ist übrigens auch diejenige, die sogar den Begriff „Sackgasse" abschaffen möchte. Mein Vorschlag dazu: Wie wärs mit der Bezeichnung „Untenrum-Gasse"?
(Grinsen ist erlaubt).

Den Beruf des „Zimmermann's" will sie um „Zimmerfrau" ergänzen. Hallo? Sind das nicht zwei ganz verschiedene Berufe? Sollte ich der je begegnen, werde ich mir den Spaß machen und sie fragen: „Na, Mädchen, heute schon gemännert?" Aber zurück zu Weihnachten.

Und jetzt bitte aufgemerkt:
Alle Menschen ohne Humor, alle Moralapostel, alle selbsternannten Tugendwächter und Lordsiegelbewahrer der Sittsamkeit, sowie alle Minderjährigen bitte sofort aufhören mit Weiterlesen.

„AUFHÖRN hobbi gsachd" – Mensch!

Soo – an alle andern:

Einer der Nachbarn, die „ums Eck rum" wohnen, der Schorsch nämlich, hat traditionell viel Durst. Ihm ist oft langweilig im Mund.
Am vierten Adventssonntag, so nach dem fünften Glühwein mit Schuss, kam er in etwas desolatem Zustand von der Toilette zurück.
Seine Frau hat ihn dann gefragt, ob er tatsächlich seine Adventshose anhat, weil *„nämli a Dürla offmschdäihd."*

OSTERN

Ostern ist vorbei. Schon das zweite mal haben wir das Fest mit Einschränkungen akzeptieren müssen. Mein Kumpel Ernst, ausgestattet mit dem Talent, englisch mit fränkischem Akzent zu sprechen, hat mir erklärt: *„Des wor Loggdaun leid."* „Lockdown light" hat er gemeint. Als weltgewandter Rhetoriker weiß er auch: *„Bam Schbazierngäih moußd du Bauerwooging* (Powerwalking) *machen und bam Nouchdengkn aweng Bräinschdorming* (Brainstorming). Na gut. Ich *„schdorm mid meim bräin"* also beim obligaten Osterspaziergang so durch die Gegend, und schon ist mir wieder das Ostergedicht eingefallen, das mir mein Onkel Willi im Kindesalter gelernt hat:

- „Ist es an Ostern schön und warm,
  kommt die Verwandtschaft und frißt dich arm."
- „Ist es an Pfingsten immer noch heiter,
  kommen sie wieder und fressen weiter."

Angeblich war das ein Auftragswerk des deutschen Philosophen- und Literatenverbandes. Aha.

Und noch einen hat er immer wieder rausgehauen, der Onkel Willi:
- „Wenn die Nonnen schwitzen in den Klostern, dann ist Ostern."
  „Also gut, hommer des aa geklärd."

Zurück zu Freund Ernst. Er erzählt am Telefon immer unheimlich viel und erwartet dann, dass man auch wirklich alles glaubt, was er so von sich gibt. *„Mei Frau verwechsld immer alles"* – erklärt er beiläufig – *„erschd hobbi gmaand, däi wor zulang im Sonnenschdudio, wals su braun is, obber ich glaab, däi hod di Sunnerkreem mid Nudella verwechsld."*

Und angeblich hätte er unglaublich ruhige Ostern verlebt, der Ernst, weil seine Frau den Lippenstift mit dem Sekundenkleber verwechselt hätte. *„Wers glabbd, wird seelich."* Obwohl, ist die Idee wirklich sooo schlecht?

In seiner Nachbarschaft gibt's einen Hühnerhof. Über den hat der Ernst aber einen pfiffigen Witz erzählt: Volle Auftragsbücher am Hühnerhof. Der Gockel fragt die eine Henne: *„Worum legsdn du edz runde Eier und kanne ovaaln?"* Darauf die Henne: *„Des is a Schbezialaufdraach vom Golfglubb, verschdäihsd?"*

Und ganz verschmitzt erklärt mir der Ernst am Telefon, dass er an Ostern eine Dinkel- und Grünkerndiät gemacht hat. *„Dou derf mer alles essn außer Dingkl und Grünkern."* (Grins).

„Aweng" sauer wäre er aber trotzdem gewesen, weil sein kleiner Sohn im Auto auf dem Weg zu Oma und Opa nach 5 Minuten manifestiert hat: *„Babaaa, ich mouß binggln"* – nach 20 Sekunden aber: *„Edz nimmer."* Wie immer aber hat sich nach unserem langen Gespräch der Ernst am Telefon recht originell verabschiedet: *„Also, bleib schäi gsund, und ich empfehl mich edz als fränggischer Osterhos: In der lingkn Händ an Farbbinsl und in der rechdn Händ a Seidler Bier. Also servus."*

Und hier noch eine kleine Auswahl an Oster-Späßen, die ich in den unergründlichen Tiefen meiner Joke-Sammlungen gefunden habe:

- Was macht ein Osterei, wenn es den Osterhasen trifft?
  Es wirft sich in Schale.

- Der fränkische Chef-Gockel läßt seine Legehühner in Reihe antanzen, zeigt ein Straußenei und sagt dann mahnend:
  „Dou könnd ihr amol sehng, wos di Kongurrenz su machd!"

Achtung – jetzt kommt der doofste:
- Der Osterhase trifft auf einen Schneemann und sagt zu ihm:
  „Schau blouß, dass'd di Gelberubm herdoust, sunsd hulli an Föhn."

VATERTAG 1

Vatertag ist ja ein Feiertag. Deswegen sollte das Wort auch mit Leben erfüllt werden. Übrigens hat Wilhelm Busch zu diesem Thema schon anno dazumal konstatiert: „Vater werden ist nicht schwer, Vater sein – dagegen sehr!" Und schon taucht eine elementare Frage auf: Nach dem Muttertag folgt ja immer ein Montag, nach dem Vatertag immer ein ganzes Wochenende. Sogar ein verlängertes. Warum nur, warum?

Mein Verhältnis zu meinem Vati damals war ja flexibel. Als ich 15 Jahre alt war, war mein Vati völlig unwissend. Als ich 25 Jahre alt war, war ich total verblüfft, wieviel er in 10 Jahren dazugelernt hat.

Zurück zum Thema. Schon die Erscheinungsform der Protagonisten an diesem Tag ist oftmals originell. Die kurze Hose bis knapp oberhalb vom Knie. Die Strümpfe bis knapp unterhalb vom Knie. Bei schönem Wetter: Sandalen. Ein völlig verformter Hut gehört dazu. Zu allem Überfluss: Die ärmellose fleischfarbene Rentnerjacke mit gefühlt 50 Taschen muss auch sein. Das völlig ungeschulte Auge erkennt an dieser Stelle trotzdem sofort: Heute sind etliche modepolitische Amokläufer unterwegs. Und warum um alles in der Welt hat man an die Spazierstöcke eine Fahrrad-Klingel angeschraubt?

Die Bestückung des Leiterwagens für die Wanderung ist standardmäßig vorgeschrieben: Bierfass und Krüge, (versierte Profis sprechen hier von „Bierathlon"), „a Fläschla" Schnaps incl. „Schnapsgläsla." Man will den Obstler doch nicht intravenös konsumieren. Dazu ein Laib Brot, „an Ring Schdaddwoschd und aweng an Sembft." „Bassd scho."

Was das künstlerisch wertvolle Liedgut unterwegs angeht: Hier wird versucht, die Facetten der jeweiligen Begabung zum Leuchten zu bringen, auch wenn das sehr stark an die Paarungsgesänge grönländischer Blauwale erinnert. Und jetzt geht's um die T-Shirts.
Auf der rechten Seite Beispiele zur modisch-poetischen Komponente!

MEINE SAMMLUNG
ORIGINELLER
VATERTAGS-T-SHIRTS
1

Man sollte die *HOPFUNG* nie aufgeben!

Alle 11 Minuten verliebe ich mich in ein neues GETRÄNK! Ich *BAR-SHIPE* jetzt!

Ich bin schlau! Ich bin reich! Ich kann kochen! Warum bin ich noch Single? *RÜLPS!* Deshalb!

PAPA darf heute *ALLES!* Wenns die MAMA erlaubt!

Die Frau sagt: *BIER ODER ICH!* Der Mann sagt: *ICH WERDE SIE VERMISSEN!*

Nüchtern betrachtet ist es *BESOFFEN* besser!

VIP Very Important Papa

Verneigt EUCH! Seine Majestät *DER VATER* betritt jetzt den Raum!

Wo eigentlich liegt *Maßen?* Mein Doktor hat gesagt, ich sollte da Alkohol trinken!

VATERTAG 2

Nach jedem Bier werden rhetorische Perlen abgesondert, sowohl merkens- als auch bemerkenswerte. Schon beim zweiten Bier (auf nüchternen Magen natürlich) kommen hochgradig wertvolle Reime, z. B: „Was der Papst so gar nicht mag, sind Glückwünsche zum Vatertag." Nach dem dritten Seidlein und dem ersten Obstler erklärt der Wagenzieher: *„Mer hod erschd dann gnouch Algohol im Bloud, wenn di Schdechmüggn an der Einschdich-Schdelle kodzn mäin."*

Einer fragt, ob Maßlosigkeit in der Mäßigung denn sinnvoll ist. Der andere, weil er die Wanderroute festgelegt hat, erklärt sich selbst zum „Master." Sofort wird gefragt: „Master of Universe oder Master of Disaster?." Der nächste gibt folgendes Statement ab: *„Di näggsdn 10 Minuddn red ich edz amol blouß mid mir selber, wall ich öfder amol kombedende Beradung brauch – gell."*

Irgendwann kommt dann die Mittagspause mit Einkehr, um wieder zu Kräften zu kommen, weil die ersten schon schwächeln. Es werden Wetten abgeschlossen, wer denn als erster von seiner Frau zunächst abgeholt, dann abgekärchert wird. Und dann werden die spektakulärsten Geschichten vom Vatertag des letzten Jahres erzählt.

Hier der absolute Renner: Theo, abends gerade noch unfallfrei und unversehrt zuhause angekommen, steht mit zwei großen Grasbüscheln in den Händen am Nachbarszaun und versucht, damit den Mähroboter vom Nachbarn anzulocken. Bingo!

Der Mensch als solcher sucht ja immer einfache Erklärungsmuster für die Nachvollziehbarkeit der Realitäten. Beweis dafür ist das letzte Zwiegespräch an diesem Ausflug:
Fritz: *„Nach suviel Algohol wäi heid mou mer soong – wenicher is vielleichd doch mehr."* Schorsch: *„Des gild obber ned für Körbchengröße, Gehalt, Sex, Himbeermarmelad, Humor und Bier."* Aha!
Und hier wieder ein paar Vatertags-Mode-Vorschläge für T-Shirts.

Wetter-Vorhersage
für Vatertag:

100 %

Bier-
Wahrscheinlichkeit

**MEINE SAMMLUNG
ORIGINELLER
VATERTAGS-T-SHIRTS
2**

Das

Flüssige

muss ins

Durstige

Ich betrinke
mich mit

Tee,

bis ich

2,5 Kamille

habe!

Wir müssen
endlich
aufhören,
weniger
zu trinken.

*Nüchtern
ins Bett?*

*Was kommt
als Nächstes?*

*Pünktlich
zur Arbeit?
Oder was?*

Was Du

heute

kannst
entkorken,
das verschiebe
nicht auf

morgen!

*Wie
komme ich
ganz schnell
auf
0,5 Promille?*

Einen Tag lang
nix trinken!

NBGFSAG

Nicht
besonders gut
für schwere
Arbeit geeignet

Ich kann
Durst und
Langeweile

gaaaaanz

schwer
auseinander
halten!

WIEDER MAL BEIM ITALIENER 1

Er heißt Luigi. Und er ist der Italiener meines Vertrauens. „Davvero" – wirklich. Egal, was er in seinem Ristorante kocht, es schmeckt nicht nur sehr gut, es vermittelt gleichzeitig mediterranes Flair und man wird gefühlt in der Direttissima an den Lago gebeamt, Wohlfühlfaktor „Hoch."

Und er nennt mich Jurgen. Nicht Jürgen. Jurgen. Also ohne die beiden Tüpfelchen auf dem U. Italiener können kein Ü sprechen. Klingt aber trotzdem irgendwie putzig.

Luigi lernt Deutsch, ich lerne z. Zt. Italienisch. Das stimmt wirklich. Der Unterschied ist nur: Ich bin am Anfang meiner lingualen Vielfalt und muss erst mal die einfachsten touristischen Begriffe pauken. Luigi dagegen spricht schon sehr gut Deutsch, interessiert sich aber ganz zielstrebig für die lustigen Eigenheiten der deutschen Hochsprache. Manchmal weiß ich nicht, ob er noch ein bisschen naiv ist, oder ob er raffinierterweise schon hinterlistige Fragen stellt. Oder ob er mich mit seltsamen Wortschöpfungen auf die Probe stellt. Mit meinem rhetorischen Echo ergänzen wir uns dann ganz gut, und der obligate Grappa, degustiös ausgewählt, perfektioniert unsere europäische Völkerverständigung. Va bene cosi.

Beispiel: „Luigi, warum schreibst du auf deine Speisekarte, mit welcher Frau du ins Bett gehst?" „Jurgen, wie kommst du denn darauf?" „Auf der Speisekarte steht >Penne mit Gorgonzola<."
Dann: Lachen, dann Grappa, dann wieder lachen. Fertig.
Hat schon Tradition.

Ab und zu denkt und spricht Luigi in leicht erotischen Dimensionen. Manchmal macht er den Eindruck eines mit Testosteron zum Bersten gefüllten Vorzeige-Italieners, also ein Latinlover alter Schule, abstammend aus altem Kopulations-Adel, gefangen im Körper eines braven, von seiner Frau domestizierten und auf Normalmaß getrimmten Ehemannes. Neulich erzählte er mir: „Bin ich sauer auf REWE. Ich habe gekauft Kondome – pssst! (breites Grinsen). Hat mich die Frau an der Kasse gefragt, ob ich Treuepunkte sammle. Hä – was soll das?"

Mit Vorliebe erzählt er folgenden nicht mehr ganz neuen Joke immer und immer wieder:

Ein deutscher und ein italienischer Ingenieur unterhalten sich. Sagt der deutsche Ingenieur: „Gib mir ein paar tausend Tonnen Stahl, und ich bau Dir einen Flugzeugträger." Darauf der Italiener: „Gib mir deine Schwester, und ich mach die Besatzung." Dann – siehe oben: Lachen, Grappa usw.

Italiener haben „molte emozioni." Und sie sind biologisch etwas anders positioniert. Different zu uns. Beim italienischen Mann sinkt bei intensivem Betrachten eines reizvollen Dekolletés die Konzentrationsfähigkeit sofort um 50 % – je Brust.

Luigi hat mich auch gefragt, wie man in Deutschland den Begriff „impotent" erklärt. Ich habe versucht, ein typisches italienisches Beispiel heranzuziehen. Ich habe gesagt: „Wenn du versuchst, mit weich gekochten Spaghetti Mikado zu spielen, dann ist das wie impotent. Luigi: „Lektione verstanden." Dann wieder: Lachen – Grappa – Lachen …, siehe oben.

Diese manchmal leicht anzüglichen Themen liegen ihm. Da blüht er auf. Hat er mich doch neulich gefragt: Jurgen, wie nennt man „Vibrator" auf italienisch? Das heißt „amore mit motore." Aha.

Natürlich behandelt er diese Themen immer nur dann, wenn die „Mamma", die „Signora", also praktisch die Chefin, in der Küche werkelt.

Im nächsten Kapitel verrate ich viele intelligente Fragen zur Grammatik, die Luigi mir gestellt hat.

WIEDER MAL BEIM ITALIENER 2

Wie versprochen – oder angedroht? – hier ein paar weitere sprachliche Schmankerln von meinem Lieblings-Italiener Luigi. Er bemüht sich ja wirklich, gut Deutsch zu lernen, kommt dabei aber auf die absurdesten, aber manchmal auf sogar sehr intelligente Fragen.

▪ „Jurgen, ist eigentlich schlagen und prugeln das selbe?" – „Ja, Luigi, naturalmente." – „Warum lachen die Leute dann immer, wenn ich sage, es hat gerade 18 Uhr geprugelt?"

Er verfälscht auch gerne bekannte Sprichwörter oder Redewendungen: „Hat neulich ein Gast besondere Sauce gewollt. Hab ich gemacht – ohne mit der Wimper zu zögern."

Manchmal verkauft er eine Pizza „über die Straße." Ich weiß nicht, ob es für unseren denglischen Begriff „to go" ein italienisches Pendant gibt. Aber Luigi bemerkt dann jedes mal, dass es schon komisch sei, wenn man eine runde Pizza in einem viereckigen Karton mitnimmt und sie dann als Dreiecke verspeist.

Immer wieder stellt er mir mit einem Augenzwinkern ausgefuchste Fragen:

▪ Wenn man die schon gegessene Buchstabensuppe wieder ausspucken muss, ist das dann gebrochenes Deutsch?

▪ Kann man sich von der Polizei beschatten lassen, wenn es draußen besonders heiß ist?

▪ Wenn ein Wissenschaftler sich ein Sandwich macht, ist das dann wissenschaftlich belegt?

▪ Heißt bei euch eine italienische Prostituierte wirklich „Nutella"?

- Ist ein „Klugscheißer" ein intelligenter Toilettenbenutzer?

- Kolabiert man wirklich, wenn man gleichzeitig Cola und Bier trinkt?

- Stimmt es, dass beim Testen von Besteck das Messer am besten abgeschnitten hat?

- Wie viele Hunde sind eigentlich in einem Hundekuchen?

- Ist das Gegenteil von Krankenschwester wirklich Gesundbruder?

- Tomatensaft ist doch aus Tomaten. Woraus ist dann Hustensaft? Aus Husten?

- Wenn ein Abteilungsleiter eine Abteilung leitet, warum faltet der Zitronenfalter keine Zitronen?

- Und: was genau muss man sich unter einem „eingefleischten Vegetarier" vorstellen?

- „Ich hab dich gern", das klingt lieb. „Du kannst mich gern haben", das klingt böse – warum?

Wir sehen – man kann absolut lustige, aber auch gleichzeitig intelligente Fragen stellen. Luigi kann das. Und er tut das mit Vorliebe.

DIE LUIGI-ZETTEL UND IHRE FOLGEN

Leute, ich kanns nicht glauben. Es passieren manchmal putzige Sachen. Worum geht's?

Kaum war mein Blödsinnszettel mit den lustigen Fragen von Luigi letzte Woche draußen, kamen nach und nach von vielen Bekannten wirklich viele lustige Fragen, Sprüche usw. rein und haben es sich auf meiner Festplatte gemütlich gemacht. Dann hieß es bei mir: Sichten, selektieren und ein paar dieser geistigen Ergüsse in Form eines weiteren Blödsinnszettels weitergeben.

Also: Diese erlesenen Perlen rhetorischer Auswüchse stammen nicht von mir selbst, sondern sind, nachdem sie den Weg in mein humoristisches Fadenkreuz gefunden haben, meinem Mitteilungs-Enthusiasmus anheimgefallen – gell. Viel Spaß beim „Drübernachdenken." Aber jetzt:

- Nennt man eine inkontinente Modevorführerin wirklich „Auslauf-Modell"?

- Heißen weibliche Yoga-Anwenderinnen „Yoghuretten" und weibliche Polizistinnen „Polizanten"?

- Warum heißt der lauteste Raum in der Wohnung „Stilles Örtchen"?

- Wenn man als Team versagt, ist man dann ein „Scheiterhaufen"?

- Warum um alles in der Welt steckt in dem Wort „lispeln" ein „s"?

- Wenn man zu viel Pfannkuchen isst, „crépiert" man dann?

- Nennt man ein kleines Schwein, das um Hilfe quiekt, „Not-Ruf-Säule"?

- Ist Wissensdurst wirklich die flüssige Form von Bildungshunger?

- Der Schoßhund sitzt doch auf dem Schoß,
  warum sitzt der Schäferhund nicht auf dem Schäfer?

- Sagte der Baumeister des Turmes von Pisa bei Baubeginn wirklich
  „Wird schon schiefgehen"?

- Nennt man einen sehr kleinen Türsteher tatsächlich „Sicherheitshalber"?

- Steht auf der Speisekarte der Standesamt-Kantine wirklich:
  Pommes frites, geb. Kartoffel?

Und hier noch ein paar Joke-Apps von meinem Freund Fred H. aus den Weiten des www:

- „Ich mag offene Menschen", Bastian V., 49, Chirurg
- „Ich lasse jedes Wochenende die Sau raus", Fritz B., 63, Schweinezüchter
- „Ich schau öfter mal vorbei", Olga S., 34, schielt
- „Ich habe erfolgreich die UNI abgeschlossen", Peter K., 51, Hausmeister
- „Ich wäre wieder bereit für was festes", Thomas G., 29,
  hatte vier Tage Durchfall
- „Einen Dreier zu schieben, habe ich mir leichter vorgestellt", Horst R.,
  BMW-Fahrer mit leerem Tank
- „Ich hab keinen Bock mehr", Ziege, 7, verwitwet

Zu guter Letzt: Die Frau war wegen des ausgefallenen Urlaubes infolge Corona stocksauer. Ihr Mann überraschte sie mit folgenden Worten: *„Ich hob an di Küchnwänd a Weldkardn hieklebd. Dou schmeißt edz mid am Wurfpfeil drauf, und egol, wou der landet, dou verbringer mer nägsds Johr unsern Urlaub."*
Die beiden verbringen nächstes Jahr zwei Wochen hinterm Kühlschrank.

DIALEKT IM RHEINLAND UND IN FRANKEN

„Bägg du se ruuz" – das heißt „Back to the roots" – also:
zurück zu den Wurzeln.

Hier wieder einmal ein Blödsinnszettel in vorwiegend fränkischer Mundart.

Dialekte haben ja – überall in Deutschland – ihre Eigenheiten.

Wenn ich, wie so oft, in Köln zu Besuch bin und mir ein Früh-Kölsch oder ein Gaffel-Kölsch gönne, heißt der Kommentar: „Dat Jürjen is am Bier am trinkön." Wenn ich danach ein bisschen müde werden sollte, müßte es dann eigentlich heißen: „Der ist am ein am dösen"?

Übrigens habe ich meine Kölner bei ihrem Besuch bei mir in Nürnberg gefragt, was denn der erste fränkische Satz war, den sie hier gehört haben und den sie sich merkten. Er lautete: *„Dou könners fei ned bargn."* Sowas sitzt. Auch ein anderer Satz war nicht ohne.

Weil ortsunkundig, fragten sie kurz vor meiner Wohnung nochmal nach der genauen Straße. Antwort des Gefragten: *„Warum? Zu wem wollns denn dou?"* Ja, ja, die *„Nämbercher."*

Dialekte klingen – vor allem für andere – oft lustig. Auch im Fränkischen.

Es gibt ja die Behauptung, dass Bill Gates, der Windows-Erfinder, aus Nürnberg stammen soll.

Mit Schmunzeln und Grinsen wird erzählt, der Bill wäre vor langen Jahren in seiner Garage in Gostenhof gesessen und hätte an seinem Betriebssystem *„rumbrobierd."* Dann soll einer der Nachbarn vorbeigekommen sein und gefragt haben: *„Na, Bill, gäihts?"*

Jaaa, ich weiß, etwas weniger albern wäre auch noch lustig. OK.

In meinem zweiten Mundart-Band habe ich mich um die oft humorvoll anmutenden fränkischen Schreibweisen gekümmert. Das hatte zur Folge, dass mir immer wieder Zettel mit Ergänzungen zugesteckt wurden. Hier noch ein paar putzige Beispiele:

Blädderdeichbasdeede	Blätterteich-Pastete
Grabblgrubbe	Krabbelgruppe
Bäibäggbungde	Payback-Punkte
Bobbmusigg	Popmusik

Und es gibt immer und immer wieder die Stammtischzitate und -gespräche, die es in sich haben:

Kumpel 1	*Du hosd doch zougnummer. Wos wiegsdn du edz?*
Kumpel 2	*Frouch mi wos leichders.*
Kumpel 1	*Hob, blouß di erschdn drei Zahln …*
Kumpel 1	*Ich hob glesn, dass der Körber scho nach zwanzg Minudn dschoggn Glüggshormone ausschüdded.*
Kumpel 2	*Des schaffd mei Körber scho nach drei Bier im Sidzn.*
Späte Erkenntnis:	*Komisch, mei aaner Schouh zäichd immer aweng nach rechds. Und immer nachm värdn, fümbfdn Seidler.*

Und hier noch ein Spruch nach großer Trockenheit infolge wenig Regen:

„Scho aweng wos hilfd –
hod di Ameisn gsachd und hod in di Bengertz pingld."

GLACHD WERD
etz erschd rechd!

SELTSAME GESCHICHTEN

KLEINE RANDERSCHEINUNG AUFGRUND DER PANDEMIE:

Ich hob mir ieberlechd, die näggsdn vier Wochn mei Audo schdäih zu lassn. Braggdisch a völlig neie Erfahrung. Di Idee derzou hom übrigns däi aus Flensburch ghabd.

No ja.

DAHEIM IM ZWEITEN LOCKDOWN:

Nach a boor Halbe und nach a boor Schnäbsla hobbi edz endlich mei Schdeuer-Erglärung für 2019 gmachd.

Ich hob ausgrechnd,
dassi neunhunderdfümbferachzgdausnd Euro zrügg gräich.

Goud – hä?

Ein durchschniddlicher Frangge läfffd durchschniddlich 5000 Schridde am Dooch.

Des sin 1278 km im Johr.

Dringkn doud er durchschniddlich 102 Lidder Bier im Johr.

Also brauchd er durchschniddlich 7,9 l af 100 Kilomeder.

Bassd scho – odder?

Freili gibds mehr Corona-Fälle. Weil mehr gedesded wärd.

Wenns mehr IQ-Desds gäberd, häddn mer aa mehr Debbn.

Und ned vergessn: Blouß nu a aanzicher Dooch – nou is scho morng.

Hier ein exemplarisches, lyrisch-philosophisches Beispiel aus der Reihe „Perlen deutscher Dichtkunst", sowie eine sportliche und vor allem richtungsweisende Existenzfrage zu unserem sog. „(?) Ruhmreichen (?)"

Genieß in Frühling deines Lebns,
leb aa im Summer ned vergebns,
frei di ganz bsonders aa am Herbsd,
weil wenn der Winder kummd, nou schderbsd.
OBBER:
Mer wünschd si wärgli alles Guude,
Glügg und Xundheid sei uns gebn.
Wäi hodd der gsachd, wou 100 Johr wor:
Willsd su ald wern, mousd su lang leebm.

… und jetzt noch ein Wort zu unserem angeblich so ruhmreichen Club:

Also, ich bin ja wärgli ned der absoludde Fachmann, wos foußballn bedriffd,
obber sollerd der Glubb ned auch amol schauer, welche andern Schbordardn
nu su in unserer Gegnd oobudn wern?

SELTSAME GESCHICHTEN 2

Obbers glabbd odder ned:
Ich hob gesdern wärgli a Kneibndour gmachd.
Ich hob in jeds Zimmer derhamm zwaa Fläschla Bier neigschdelld,
nou bini vo Zimmer zu Zimmer ganger. Wor gor ned su schlechd.

Außerdem: Fränggische Forscher hom rausgfundn,
dass a Seidler Bier dääglich ned blouß gsund is, sondern aa aweng wenich.

Und: Es gibd Leit, däi wärgli aweng verrüggd wern,
walls zur Zeid eigschberd sin.
Ich hob des grod mid meiner Migrowelln und midn Dousder beschbrochn.
Mir sin uns einich, dass mer nemmer mid der Waschmaschiner redn,
däi verdrehd nämli immer alles.

Wer mehr wäi 10 Rolln Gloobabier derhamm hod,
wärd ab soford zur öffndlichn Doileddn erglärd.

QUARANTÄNE-BESCHÄFTIGUNG: ALTE FOTOS ANSEHEN.

Fränkische Frau zum fränkischen Mann:
Worum schaud mer eichendlich af äldere Foddos immer jünger aus?

QUARANTÄNE-THEMA:

Fräiher im Middlalder – wenn dou zum Beischbiel die Besd besiechd wor,
dou hodd mer doch dernouch immer unglaubliche Orgien gfeierd.
Is dou scho wos geblaand? Wass mer dou scho wos genaueres?

Wenn der ledzde Schdrohalm, an den mer si glammerd,
in am Wisski-Koola schdeggd – gäids eichdendlich.

Mei Kumbl ärbert in anner Brauerei.
Dou gräichder jeds Monad zehn Käsdn Bier ummersunsd.
Ich hob nern gfrouchd, wos er mid dem ganzn Resd machd.
Hod er gsachd, den kaffd er ganz normol im Gedränggemargd ei.

ERKENNTNIS IN DER NACH-CORONA-ZEIT:
Des Lebm is a schdändiches Nehmer und Gebm.
Manchmol iebernimmd mer si, manchmol iebergibd mer si.

Däi hom gsachd, dass Händscher und Mundschudz langer,
wemmer af Eikaafm gäiht.
Hobbi gmacht.
Obber di andern hom alle Husn, Hemerdn, Jaggn und Schouh ooghabd.
Allmächd, wor des beinlich.

SELTSAME GESCHICHTEN 3

Ich wor grod bam Subbermargd.
Schdäihd neber mir anner mid zehn Rolln Gloobabier underm Arm.
Nou hobbin gfrouchd, obber nu ganz gnusdbrich is
und ob des ned aweng bläid wär, wosser dou machd.
Hod der zu mir gsachd, dass wenni mid meiner Sodderei ferdi bin,
dääder gern die Regale weider auffülln. Bläid gloffm.

Mei Nachberi hod gsachd, sie hädd a ganz dolls Smuuthi-Rezept:
An Abfl, 100 Gramm Wirsching, aweng an Schniddlauch
und a boor Körnla Sunnerblummerkern. Dann aweng a Milch derzou.
Nou alles mixn, dernouch wechschüddn –
und dann a Bierla aafmachn. Ferdich.

Also – der Weerd vo manche Sachn wird an wärgli erschd su richdi bewussd,
wenns af aamol nemmer dou sin. Gloobabier zum Beischbiel.

Manche behaubdn, Bier am Oobnd machd dick.
Derbei wass Bier gor ned, wäi schbääd dass is.

An Gwichd zounehmer in der Corona-Krise?
Su a Gschmarri –
ich bass immer nu in die Beddwäsch vom ledzdn Monad nei.

Hier aus dem Netz die Ansprache eines Hamsters an die Menschheit:

Horchd amol, seid ihr edz alle bläid worn, odder wos?
Ihr machd doch wärgli jedn Misd mid.
Hamsderkäufe – wer is denn af däi bläide Idee kummer?
Mei ganze Verwandtschafd is verschwundn.
Ich hob mi grod nu verschdeggn könner.
Hobd ihr edz alle an Badscher?
Kaffd eich doch an Hund – odder vo mir aus a Kadz.
Worum kaffder denn ieberhabds Hamsder?
Mer könnd ja grood maaner, daß eich a Virus befalln hod.

Aff meiner Haushaldsdosn schdäihd „SPÜLMASCHIENENFEST."
Wass anner, wou und wann des Fesd is?

Ich hob in ledzder Zeid suu viel glesn ieber di Auswirgungen vo zuviel
Algohol, Nigodin und Sex.
Edz hobbi wärgli aafghärd – zu lesn.

SELTSAME GESCHICHTEN 4

NOCH EINE ERKENNTNIS NACH DER LANGEN EINSAMKEIT:

Su richdi allaans bisd erschd, wennsd am Dudzndeich in der Sunner hoggsd und di Endn wolln dich mid Brod füddern.

Mei Kumbl hod oogrufm und gfrouchd, wemmer uns nach dene ganzn Verbode widder zammhoggn und wos dringgn, obs dou dann aa a algoholfreis Bier geberd.
Su zerbrechn Freindschafdn.

Es is wärgli erschdaunlich, wos a boor Wochn Gwarandääne aus an Menschn machn könner.
Hod mich gesdern in der Schdadd anner oogrunmbld. Und wäi ich gfrouchd hob, obber ned aweng aafbassn könnd, hod er gsachd, ich sollnern aweng am Ohr schleggn. Komisch – odder?

Und edz obber aafbassn: Di Briefdrächer machen edz aa Houmoffis. Däi lesn eiere Brief und Bosdkaddn, und wenn wos wichdigs derbei is, rufms eich ooh und lesn eich des vur!
Also – aweng vursichdi mid dem, wos mer suu schreibd.

Mer mou in derer Zeid scho aa aweng aafbassn.
Ich wor mid meiner Frau eikaafm.
Derhamm hommer nou di Masgn roodou. Hob ich ned di falsche Frau mid hambrachd.
Also – aafbassn Leid – gell – aafbassn soochi.

EXTREM-AUSWÜCHSE IN CORONA-ZEITEN:

Mer soll ja aa aweng schbordlich sei – in Zeidn, wou mer viel derhamm is.
Wenni edz am Samsdoochobnd di Schbordschau im Fernsehng ohschau, nou
zäichi immer mein Drääningsonzuch derzou oh. Goud – hä?

Edz wolld ich mir grod an frischn Oraaschnsafd bressn.
Hob ich mir aus Verseehng ned a Bierla aafgmachd.
Ich bin obber aa a Schussl.

Heid fräih im Halbschloof hobbi dadsächlich mid meim Wegger kuschld
und mei Freindi an di Wänd gworfm.
Also – irchndwos is immer.

Außerdem is des wärgli schlimm midn Wedder zur Zeid.
Seid Daagen rengds ununderbrochn.
Mei Frau is scho ganz debremierd und schaud schdändich durchs Fensder.
Wenn des su weiderreengd, mouis widder rei loun.

SELTSAME GESCHICHTEN 5

Zur Zeid nehmer alle aweng Abschdand vonernander.
Meine Huusergnöbf aa.

Übrigens:
Es wird behaubded, Algohol konn Corona döödn.
Nou wird aa nu behaubded, Nigodin konn Corona döödn.
Und nou soongs aa nu, dass Sunnerlichd Corona döödn konn.
Und edz aafbassn: Wenn sie mich bsuffm mid anner Zigareddn in der Händ
naggerd im Gaddn lieng sehng, nou führ ich grood wichdiche medizinische
Exberimende durch – verschdandn?

Erster Kneipenbesuch des Mannes nach der teilweisen Lockerung.
Des nächtens kommt der Mann mit etwas humpelnder Zunge nach Hause
und sagt zu seiner Frau:
Ey, ich wor vernümbfdich, nach denne boor Halbe hobi is Audo schdäih
loun und hob in Bus gnummer. Den moui obber morng fräih widder zrügg
bringer. Schdäihd vur der Hausdür.

Stammtischgespräch zu vorgerückter Stunde nach Lockdown:

Kumpel A   *Also ledzde Wochn häddi fasd jedn Dooch mid meiner Frau*
           gschloufm.
Kumpel B   *Wooos? Ehrlich? Ja sooch amol!*
Kumpel A   *Ja, fasd am Mondooch, fasd am Diensdooch, fasd am*
           Middwoch, fasd am …

Letzte Woche wars. Ich musste ins Bekleidungsgeschäft in der Stadt, weil ich eine neue Winterjacke brauchte. Ich – vorschriftsmäßig und aus Überzeugung – mit Maske. Natürlich.

Aber dann:

Ich hab drei Personen ohne Maske entdeckt

und bin dann doch recht lautstark geworden:

„Ja, sachd amol, seid ihr aweng bläid?

Ihr mahnd wohl, ihr könnd dou in Leichdsinnichn raushänger lassn.

Ja gäihds nu odder wos? Des gibds ja wohl ned.

Oh Herr, schmeiss Hirn vom Himml.

Wenn eich di Dummheit aa nu verläßd, nou seid ihr ja ganz allans.

Ihr erreichd doch Schdärge neun af der nach obn offnen Debbn-Skala.

Eich homs wohl nach der Geburd dreimol houchgworfm

und blouß zwaamol aufgfanger?

Ihr hobd ja ned amol an Schimmer vom Dunst aner Ahnung …"

Bis die Verkäuferin auf mich zukam und mir erklärte, ich solle doch jetzt die drei Schaufensterpuppen in Ruhe lassen …

Und:

Ich hob in der Zeidung glesn,

dass mer Corona an folgenden Sümbdomen erkenner konn:

Fieber, Housdn, Halswäih, Durchfall, Kubfwäih, Glenkschmerzn, Verlusd vo Gschmaggs- und Gruchssinn – Allmächd, des wor doch fräiher a ganz normoler Mondooch nach am Feierwehrfest – odder ned?

WAHRE GESCHICHTEN, die niemals stimmen können ...

Es ist herrlich, den Menschen gerade in diesen Corona-Zeiten genauer zu-zuhören. Z. B. beim Telefonieren, beim Unterhalten, beim Laut-Nachdenken, auch wenn sie lustiges Gedankengut absondern, und überhaupt. Und dann sitzt in Tag- und Nachtschicht das kleine Männchen auf meiner Schulter und flüstert: *„Hobb, schreib des Gschmarri aaf, sunsd vergißders widder."* Wenn ich dann bei der Auswahl dieser kleinen Geschichten immer wieder selbst schmunzeln muss, dann weiß ich, dass es Sinn macht, diesen Blödsinn weiter-zugeben. Los gehts!

Der neue Chef der Firma ist als streng und sehr hart bekannt. Jeder, der faulenzt, wird sofort gefeuert. An seinem ersten Tag führt man ihn durch die Firma. Da bemerkt er einen Mann, der sich in einem der Büros ganz entspannt an die Wand lehnt. Um den anderen Mitarbeitern zu zeigen, dass er sehr kon-sequent ist, geht der Chef auf den Mann zu und fragt ganz laut: *„Wos ver-diener sie in anner Wochn?"* Überrascht sagt der Mann: *„350 Euro – wäisu?"* Der Chef zückt seinen Geldbeutel, holt 700 Euro raus, gibt sie dem Mann und schreit: *„Dou is ihr Lohn fir zwaa Wochn, und edz hauers ab und loun si dou nie mehr bliggn – verschdandn?"*

Mit triumphierendem Blick schaut der Chef in die Runde, weil er es dem Faulenzer ordentlich gegeben hat und fragt: *„Konn mir irchnd jemand soong, wos der Kerl dou gmachd hod?"* Grinst einer der Mitarbeiter und antwortet: *„Pizza glieferd."*

Jetzt geht's um die Senioren, also um den Personenkreis, der in dieser Lebensphase zwischen gepflegt aussehen und gepflegt werden hin und her oszilliert. Heißt aber noch lange nicht, dass diese Leute nicht noch unglaublich auf Zack sind. Wie folgendes Beispiel beweist:

Die Oma läuft auf die Straßenkreuzung und auf die Ampel zu und fragt ei-nen gerade dort stehenden Polizisten: *„Könndn sie mich bidde ieber di Schdraß führn?"* Darauf der Polizist: *„Freili, Oma, wenn di Ambl grün is."* Antwort der Oma: *„Ja, bei grün konni selber."*

Immer wieder sind Zeitungs-Außenreporter unterwegs, um in diesen Zeiten Stimmungsbilder der Bevölkerung einzufangen. In der Fußgängerzone kam es zu folgendem Interview:

Reporter:	„Was halten sie von Sex am Arbeitsplatz?"
Passant:	*„Erschdns binni verheirod, zweidns gibds rechd wenich Auswahl."*
Reporter:	„Wo arbeiten sie denn?"
Passant:	*„Im Houmoffis."*

Hier eine nette Unterhaltung, die sich zwischen zwei Nachbarn ergeben hat. Die beiden haben sich – also wirklich rein zufällig – am Getränkeregal im Supermarkt getroffen.

„Sooch amol, Karl, wos bedeudedn des eichendlich, wenn du hamm kummsd, und wersd von der erwardungsvolln sinnlichn Frau liebevoll und gleichzeidich schdürmisch begrüßd, und des aa nu in Dessuus odder im Neglischee?"

Die Antwort vom Karl: *„Des bedeued, dass du in der falschn Wohnung glanded bisd."*

Es gibt in meiner Nachbarschaft eine Frau, deren Durst bekanntermaßen legendär ist. Es war letztes Jahr im Sommer im Wirtsgarten ganz in der Nähe. Konsumiert hat sie reichlich. Gefühlt zwei Schachteln Zigaretten, sechs Bier, acht Schnäpse und als Absacker einen Rotwein. Ihre Kopfweh-Diagnose am nächsten Tag: *„Dou mou a Händi-Masd in der Nähe gwesn sei!. Suwos verursachd Kubfwäih."*

Merke: „Alka Seltzer ist nicht der Bruder vom Al Capone – gell!" Diesen Spruch gibt sie heute noch zum Besten. Immer wieder.

SCHULALTERNATIVEN 1

Wie viele humorvolle Kapitel in diesem Buch, die ja wirklich in einer humorarmen Coronazeit entstanden sind, ist auch dieses Kapitel nicht ganz ernst zu nehmen. Aber ein bisschen schon.

Es geht um alternative Schulkonzepte. Z. B. das der Waldorfschule. Da ploppen sofort eingefahrene Klischees auf: Wallende Wollgewänder, eine etwas weltfremde DNA, ein paar schrullige Unterrichtsfächer und ein vielleicht latenter Hang zur Esoterik. Gefühlt spitzen immer ein paar Erdgeister um die Ecke, und Ökofutter wird zur Weltanschauung erhoben.

Alternativen gibt es ja immer im Leben. In vielerlei Hinsicht. Hab ich gelernt. Ich akzeptiere das auch. Ich möchte nur nicht dauernd bevormundet und missioniert werden von Menschen, die anders denken, handeln, leben. Verschmitzt wehren kann ich mich aber mit frisch von der Seele geschriebenen Gedanken. So. Ich hatte tatsächlich ein Auftritts-Engagement bei einer Waldorf-Schule, um mit der fränkischen Mundart eine alternative Deutschstunde anzuregen. Ist schon lange her, war aber ein lustiger Tag für mich. Und einiges in diesem Artikel hier ist sogar wahr.

Schon die Namen der Kinder sind zum Glucksen. D'Artagnan-Karlheinz, Günter-Radomir, Skymelodie-Elsbeth, Annelies-Doreen, Knuthenning-Phileas, Tizian-Frohmut, Chelsea-Erika, Friedensreich-Theophil, usw. Wenn das 10-jährige Mädchen von heute irgendwann als 86-jährige Oma auf der Parkbank im Stadtpark sitzt und wird dann von ihren Freundinnen gerufen: *„Hey, Cheyenne-Schandall, wäi geht's denn Deiner Hüftn?"*, da kommt dann sicher Freude auf.

Es ist bekannt, dass die eine Tochter der Sängerin Sarah Connor „Delphin-Malou" heißt. Wirklich. Wäre dann dazu eine fränkische Variante nicht auch interessant? „Karpfen-Karin" z. B.?

Auch die Geschichte mit dem Namen-tanzen gibt viel Stoff her. Mich haben sie auch gefragt, ob ich meinen Namen nicht mal probeweise tanzen würde – auch ohne zweijährige Ballettausbildung. OK, ich habs probiert. Weder bei Vollmond noch linksdrehend, aber immerhin. Danach wurde ich gefragt, ob ich wirklich Waltraud-Shakira heiße und nicht Jürgen. Na ja.

Angeblich haben ein paar Kinder sich gegenseitig Schimpfwörter zugetanzt, und so ist der Breakdance entstanden. Kann man aber bezweifeln.

Manche Eltern geben ihren Kindern Doppelnamen, z. B. Venezia-Brigitte oder Paris-Katalena, um darauf hinzuweisen, wo denn die Kinder entstanden sind bzw. gezeugt wurden. Ich frage mich, ob ich dann nicht Jürgen-hinterm-Eichenwäldchen heißen müsste. Es darf geschmunzelt werden.

An dieser Schule gibt es auch keine dicken und keine schweren Kinder. Es gibt nur Kinder, die beim Kettenkarussellfahren immer ein Stück weiter außen drehen, als die anderen.

Auch interessant: Es gibt völlig neue Wortschöpfungen. Demnach heißt es z. B. nicht mehr „Dieb", sondern „Fachkraft für spontane Eigentumsübertragung" Uiii.

Was gibt es sonst noch zu berichten? Die Gartenhecke war aus selbstgepflanztem Blumenkohl, nachmittags stand noch auf dem Programm: „Wir stricken uns einen Hühnerstall", die Schulleiterin – mit roher Gewalt blondiert, die Haare aber schon drei Zentimeter herausgewachsen – erzählt von bewußtseinserweiternden Darmspülungen und esoterischer Fettabsaugung. Wenn die Schwellungen zurückgegangen sind, würde der Erfolg sogar sichtbar sein. BMI wäre dann OK.

Ach ja – zum Schluß: Die Dixi-Klos hier sind nur 1.50 Meter hoch, damit auch die Männer sich hinsetzen müssen, und es wurde bekanntgegeben, dass man sich zukünftig auch in der Autowaschstraße gefälligst anzuschnallen hat.

SCHULALTERNATIVEN 2

Mehrfach bin ich nach meinem letzten „*Wochenend-Gschmarri-Zettel*" darauf angesprochen worden, dass es ja nicht nur die Waldorfschule als alternative Unterrichtsform gibt, sondern auch noch die Montessori-Schule mit offenen experimentellen und freien didaktischen Ansätzen. Mein Nachbar mag diese Schulen und vor allem diese Lehrkräfte gar nicht. Er nennt sie „degenerierte Pseudo-Pädagogen in chronisch irreversibler Erscheinungsform mit Internetanschluß." Aaaha.

Es stimmt schon – für Außenstehende entsteht manchmal der Eindruck von einer etwas weltfremden Vorstellung von Erziehung und Bildung. Die zu Grunde liegende Anthroposophie nach Rudolf Steiner zeigt die Erkenntniswege zur geistigen Welt, zur Selbstreflektion, zum Selbstbild und zu den Naturwissenschaften.

Ganz sicher ist da vieles interessant, gut, bewährt, auch des Ausprobierens wert, aber natürlich gibt es auch da für Laien-Pädagogen wie mich lustige Beispiele, was die Kinder oder die Protagonisten des Lehrkörpers oder der Lehrkörperin (!) angeht. Kinder werden als Survival-Azubi geführt, viele Formen des Seins werden zelebriert und betreutes Denken wird praktiziert. Einer der Lehrer soll angeblich (und jetzt vorsicht!) bei der berittenen Gebirgsmarine gedient haben und den Weltrekord im Langsambewegen innehaben. Glaub ich nicht. Ich glaube auch nicht, dass die Katze einer der Lehrerinnen linksgescheitelt ist und ihr Sohn Kevin-Jason-Charlemann nur mit einem Kettcar rumfahren darf, das auch mit Unterbodenschutz ausgestattet ist.

Stimmen könnte aber eventuell, dass Kinder-Sitzkreise mit automatisch stattfindendem Esoterik-Feedback abgehalten werden. Sehr fragwürdig dagegen: Angeblich wird auch nicht Sackhüpfen, sondern Sacksitzen zelebriert, weil Hüpfen zu gefährlich sei – und – beim „Mensch-ärgere-dich-nicht"-Spiel werden TÜV-zertifizierte Sturz- und Fahrradhelme aufgesetzt. Und hypothetisch gibt es im Anschluss nachhaltige Molekularküche in Form von grätenfreien Heringsfischlein aus der Pegnitz, dem fränkischen Ganges. Sagt der Lehrer mit dem kotz-curry-farbenen Cordanzug.

Bemerkenswert ist die Berufsbezeichnung des Hausmeisters, der sich selbst folgendermaßen nennt: „Ingenieur für Raum- und Ressourcenmanagement." Ganz konsequent behauptet er auch, er hätte keinen schmalen Oberlippenbart, so wie ich auch, sondern eine dritte Augenbraue.

„Rrrreschbeggd" – wie der Franke sagen würde.

Die Tochter des Direktors, also die Samantha-Kimberly Huber, erklärt mit dem Brustton der Überzeugung: „Vegetarier essen keine Tiere." Sofortige Antwort vom Georg: *„Obber sie fressn den Tieren is Fudder wech."* Georg ist der Sohn des Hausmeisters.

Und jetzt kommt der älteste Alternativ-Schulen-Witz der Welt in Form einer Rechenaufgabe:

Ein Bauer verkauft einen Sack Kartoffeln für 50,- Euro.

Die Erzeugerkosten betragen 40,- Euro und der Gewinn 10,- Euro.

Aufgabe: Unterstreiche das Wort „Kartoffeln" und singe ein Lied dazu!

So, was haben wir noch besonderes an dieser Art von Schulen? Laut Oberstudienvorstandsdirektionsassistent hat man sich lange vor Corona angeblich impfen lassen gegen Erdbeben, Gewitter, abstehende Ohren, Senk-, Spreiz- und Knickfuß sowie gegen Kniescheibenallergie. Es wird ernsthaft gefragt, ob Menschen, die Obst entsteinen, tatsächlich Kernkompetenz haben. Beim kollektiven Schwimmunterricht findet parallel ein Apnoe-Schnuppertag statt, und danach gibt es Erlebnis-Kneten für die Kleinsten. Apropos – die Kleinsten. Als besondere Gute-Nacht-Geschichte wird ihnen folgendes Thema näher gebracht: „Regenerative Energiegewinnung unter besonderer Berücksichtigung des Themas >Fossile Brennstoffe<." – *„Ach Godderler naaa, also suwos schäins!"*

Ganz minimal kleiner Hinweis meinerseits: Bitte nicht alles so tierisch ernst nehmen, was hier steht.

CCCTTT – CREATIVE CORONA-COVID-TITEL-THEMEN-TAGE 1

Zunächst gibt es folgende Information: Viele Menschen, wenn sie kaum mehr aus den eigenen vier Wänden kommen, verlieren völlig das Zeitgefühl. Deshalb nur mal so zur Orientierung:
Wir haben heute Donnerstag, den 86. Mai. Alles klar?

Apropos Zeit. Ich mag mir gar nicht vorstellen, wie Corona in den frühen 60ern verlaufen wäre: drei Fernseh-Programme, kein Internet und kein Lieferservice. Von solchen Gedanken und Träumen werde ich nachts schreiend wach. Wirklich.

Aber heute ist heute, und heute hatte ich bei meinem Kumpel Sigi kurz etwas abzugeben.
An seiner Haustüre prangt ein Schild, auf dem steht:

> Während der Pandemie werde ich weder
> euere Hände schütteln noch euch umarmen.
> Es reicht vollkommen, wenn ihr zur Begrüßung einfach
> demütig vor mir niederkniet und/oder euch ganz tief verbeugt.

Hey, der Mann hat wenigstens noch Humor. Er hat mir auch erklärt, warum er jeden Tag eine Knoblauchzehe isst. Nicht, dass dies gegen Covid helfen würde, aber beim Mindestabstand hat er keine Probleme mehr. Außerdem erklärt er, dass Herdenimmunität gar nicht so leicht zu erreichen wäre, Herdendämlichkeit und Herdenidiotie aber schon. Kann man bei jeder größeren Demo feststellen, bei der auf Abstand und Masken Demo-nstrativ (kleines Wortspiel) verzichtet wird. Man kann dem Virus ja nachsagen was man will, aber als Deppen-Detektiv ist es unschlagbar.

Wir alle kennen doch solche Menschen mit geistig unterschiedlichen Belichtungsgraden.

Denen möchte ich meine derzeitige Lieblings-Lebens-Weisheit an die Stirn tackern:

„Lieber eine Maske vor dem Mund als einen Zettel an der großen Zehe."

Es gibt aber auch wirklich humorvolle Seiten, die man dieser verrückten Zeit abgewinnen kann. Hier für Sie, liebe Leserinnen und Leser, ein Auszug aus meinem Corona-Diät-Tagebuch:

17.00 Uhr	Bis jetzt gut durchgehalten, nix gegessen
19.00 Uhr	Einen großen Topf Spaghetti-Bolognese gekocht
21.00 Uhr	Aber nicht ganz aufgegessen
22.00 Uhr	Doch!

Die beiden Themen „Pandemie" und „Ernährung" zusammen zu bringen, ist sowieso schwer. Politiker erklären uns immer: „Was wir mitnehmen sollten aus der Corona-Krise ist Respekt, Wertschätzung und Nächstenliebe." Ja schon, aber was wir tatsächlich mitnehmen, sind 5 bis 10 kg Gewichtszunahme. Freund Siggi sagt dazu „Gewichts-Zunami." Bei ihm gibt es auch keine Wampe, kein Hüftgold, keinen Weizenspoiler, er nennt das „Lockdown-Schaden."

Übrigens hat er wirklich ernsthaft probiert, im Homeoffice selbst zu kochen. Er erzählt: *„Dann hobbi im Kochbouch nouchgschaud. Der erschde Sadz wor: >Nehmen sie einen sauberen Topf<. Noja, ich hob mer nou läiber delefonisch a Bizza bschdelld – gell."*

Ja, so geht's auch.

CCCTTT – CREATIVE CORONA-COVID-TITEL-THEMEN-TAGE 2

Mein Gott, hört das denn nie auf? Corona, Covid, Pandemie, Lockdown, Quarantäne, Homeoffice, ich kann es bald nicht mehr hören oder lesen oder sehen. Ich habe jetzt schon dreimal geschlafen, sechsmal gegessen – und es ist immer noch heute.

Das war der O-Ton von meinem Freund Siggi gestern Abend. Jaaa, herzlich willkommen zu einem neuen Kapitel über das Thema dieser Tage, Wochen, Monate! Siggi erklärt ja mit dem Brustton der Überzeugung: „Ich steh auf Quarantäne-Kaffee. Das ist normaler Kaffee mit einem Schuss Asbach, aber halt ohne Kaffee." Er erklärt aber auch, dass er dieses Jahr beim Hände desinfizieren schon mehr Alkohol verbraucht hätte, als er getrunken habe. Und seine Frau ergänzt dann: „Ich hab dieses Jahr öfter eine Maske getragen als einen BH."

Menschen gehen höchst unterschiedlich mit Corona und Lockdown um. Auch international. In Italien z. B. singen die Menschen zusammen auf ihren Balkonen. In Deutschland besprechen die Menschen am Balkon, wer als nächstes mit der Hausordnung an der Reihe ist. *„No subber."* Noch ein Beispiel gefällig? An der Supermarktkasse kommen zwei fremde Menschen ins Gespräch. Der eine: „Und – was machen sie so beruflich?" Der andere: „Ich helfe Menschen, die in Not sind." Dann: „Ach, sind sie Sanitäter?" „Nein, ich bin Pizzalieferant."

An der anderen Kasse zwei eingefleischte Franken, der eine mit übervollem Einkaufswagen.
„Ey, des sin wohl aweng arch grouße Hamsderkäufe – odder ned?"
Antwort: *„Naaa, mir essn immer suviel."*

Apropos Supermarkt. Bisher hab ich es selbst ja wirklich sehr gut geschafft, mit dem Lockdown umzugehen, bis ich am Eierregal stehe und den Begriff lesen muss: „Freilandhaltung." Folge: Zähneknirschen und unterdrückter Schreikrampf.

Ich habe übrigens ein paar Gespräche aufgezeichnet, die auf diese Weise vorwiegend oder auch nur in Coronazeiten stattfinden.

Kumpel 1	Womit hast du dich denn heute beschäftigt?
Kumpel 2	Mit Sport!
Kumpel 1	Waaas? Wirklich?
Kumpel 2	Ja, mit Ritter-Sport. 3 Tafeln!
Kumpel 1	Und was machst du heute noch?
Kumpel 2	Jogginghose und T-Shirt anziehen.
Kumpel 1	Und dann?
Kumpel 2	Wie – und dann?

Nachbar 1	*Hosd du scho amol wos schlimmers erlebd, als wäi däi Bandemie?*
Nachbar 2	*No freili. Des wor Michael Wendler, Oliver Pocher und di Seitenbacher-Werbung.*

Kumpel 1	*Nach 5 Schdundn Houmoffis is mir der Läbbdobb abgschdürzd.*
Kumpel 2	*Ja, und edz?*
Kumpel 1	*Edz moui di ganzn drei Seidn nuamol schreibm.*

Trotz allem bitte nicht vergessen: Im Jahr 2050 oder 2060 wird unser Land von DEN Kindern regiert, die 2021 von bier- und weintrinkenden Eltern zuhause unterrichtet wurden.

CCCTTT – CREATIVE CORONA-COVID-TITEL-THEMEN-TAGE 3

Corona macht was mit den Menschen. Mit mir auch. In vielerlei Hinsicht. Habe ich festgestellt. Gerade zur Zeit, in der man sich sonst schon auf den längst gebuchten Urlaub freut, schwappen offensichtlich liebgewordene Urlaubsangewohnheiten schon in unseren Alltag über. Ich ertappe mich selbst dabei, dass ich gleich nach dem Aufstehen, also noch vor Körperpflege und Frühstück, ein Reservierungs-Handtuch auf meine Couch im Wohnzimmer lege. Na ja.

Nächstes Thema. Ich kann nicht kochen – leider. Deswegen hab ich auch versucht, das Kochen zu erlernen. Und zwar ausschließlich nach Kochbuch-Anleitung. Warum um alles in der Welt hat mir niemand erklärt, was „EL" heißt? Jaaa, jetzt weiß ich's auch. Als Mengenangabe ist der „Esslöffel" gemeint. Zu spät! Ich habe das nämlich seit drei Wochen mit „Eierlikör" verwechselt. Und jetzt bitte nicht explizit nach meinen lukullischen Erfolgen fragen – OK?

Auch mit den Datings ist das so eine Sache. Früher hieß es nach einem schönen Abend nach der ersten Verabredung „Kommst du noch auf einen Schluck mit hoch? Dann zeig ich dir meine Briefmarkensammlung." Heute klingt das so: „Kommst du noch auf ein Desinfektionsmittel mit hoch? Ich zeig dir dann meine Nudel- und Kloopapiersammlung." Uahhh – gruselich – oder?

Aber es könnte noch schlimmer kommen. Stellen Sie sich vor: Das kleine Mädchen fragt irgendwann in ein paar Jahren seine Mami: „Sag mal Mami, wer ist denn jetzt eigentlich mein Papi?" Und die Mami antwortet: „Mein Gott, Kind, es war 2021 und alle trugen Masken."

Auch wenn Eheleute sich zur Zeit unterhalten, klingt das etwas absurd.

Sie:	Sag mal, was machst du eigentlich gerade?
Er:	Ich arbeite.
Sie:	Im liegen?
Er:	Ich sortiere gerade meine Gedanken.

Sie: Mein Schuhabsatz ist höher als dein Niveau.
                Und ich trage gerade Ballerinas.

Sogar bei Banküberfällen merkt man,
dass man in einer außergewöhnlichen Zeit lebt.
Früher hieß das: „Hände hoch, Geld her, oder ich schieße."
Heute heißt das: „Hände hoch, Geld her, oder ich nieße"

Und schon sind wir wieder beim Thema Masken. Gesichtsmasken wären früher auf der Sparkasse oder auf der Bank undenkbar gewesen – oder? Aber nicht in jeder Situation sind Masken schlecht. Man kann z. B. so manchem Menschen die Zunge rausstrecken, und der merkt es nicht mal.

Hier noch ein kleiner Tipp, wie man im vollbesetzten Zug doch noch ein Abteil für sich ergattert. Beispiel: Zwei Kumpels fahren mit dem Zug in die *„Fränkische."* Sie möchten *„aweng"* wandern. Der eine fängt bei Fahrtbeginn laut hörbar das Husten und Röcheln an. Der andere sagt: *„Ich hobbders doch glei gsachd, dass du af keinen Fall nach China häsd fläing solln."*
Platzthema erledigt. So schnell geht das.

Letztlich noch ein kleiner, aber sehr persönlicher Hinweis: Der Umgang mit einer Pandemie hat auch viel mit dem Umgang mit der Sprache zu tun. Erst letzte Woche hab ich einen ehemaligen Arbeitskollegen getroffen. Auf meine Frage, wie's ihm geht, hat er geschwollen geantwortet, er wäre „symptomlos." Viel schöner hätte geklungen, wenn er gesagt hätte: *„Ich bin fei gsund."*

EHELICHE UND PARTNERSCHAFTLICHE UNTERHALTUNGEN 1

Sie: *Sooch amol, findsd du eichendlich,*
             dass ich in derer Gwarandääne zougnummer hob?
Er: *Also horch amol – richdich schlank worsd du doch nu nie.*
Todeszeitpunkt: 17.35 Uhr – Todesursache: Corona.

Häuslich-eheliches Zwiegespräch während der Corona-Quarantäne:
Sie   *Sooch amol, liebsd du mich eigendlich immer nu?*
Er   *No freili*
Sie   *Und wäi lang nu?*
Er   *Bis zum Mond und widder zrügg*
Sie   *Wäi lang genau issn nou des?*
Er   *Bis der Glubb widder deidscher Masder wird*
Sie   *Allmächd, bisd du romandisch*

Frau zum Mann: *Wos häldsd edz eichendlich du*
                         vo derer Masgnbflichd?
Mann zur Frau: *Su arch exdrem addraggdive Menschn*
                         wäi ich ghörn dou hald im Momend zu die
                         groußn Verlierer.
Frau zu sich selbst ganz leise: *Allmächd, der hod ned blouß an Schlooch …*

Frau zum Mann: *Ey, edzer is elfer in der Fräih, und du hosd scho is*
                     dridde Seidler Bier. Sollerd dei Algoholkonsumm
                     ned amol aweng ieberdachd wern?
Eine Stunde später hat der Mann vier Pfosten aufgestellt
und mit einer Plastikplane überdacht!
Mann zur Frau: *Und – bassds edz?*

Wollte ich auch noch erzählen:

Ausgerechnet in der Quarantäne-Zeit hat meine Festplatte ihren Geist aufgegeben.

Ich: *Su eine Scheiße.*
Meine Frau: *Dengk doch amol aweng bosidiv.*
Ich: *Schäine Scheiße.*
Meine Frau: *Na also, gäihd doch.*

Nou is aa nu mei kombledder Inderned-Anschluss ausgfalln. Edz hobb ich mir ba der Gleengheid mei kombledde Familie amol genau oogschaud. Scheiner ganz nedde Leid derbei zu sei.

Sie: *Allmächd, ich hob einen bläidn Albdraum ghabd. Ich hob dräumd, mir wärn im Summer 2030 und mir hom a völlich neie Bandemie erlebd.*
              Ein Magn-Darm-Virus wor des. Und dann worn in di Gärdn, af der Schdrass, in di Gneibn und am Schdrand alle Leit mid Bämbers und Windln rumghoggd.

Er: *Dou wor ja des mid di Gsichdsmasgn 2020 nou gor ned su schlimm.*

EHELICHE UND PARTNERSCHAFTLICHE UNTERHALTUNGEN 2

Hier noch ein weiterer wunderbarer Dialog, zwischen Mann und Frau im tiefsten Franken:

Frau:	*Du dringsd doch reglmäßich Bier in der Gneibe?*
Mann:	*Ja, scho*
Frau:	*Wäi viel am Dooch?*
Mann:	*Drei Seidler*
Frau:	*Wos kosdn des Bier, also einschließlich Dringgeld?*
Mann:	*Achd Euro*
Frau:	*Und wäi lang machsdn du des scho?*
Mann:	*Dreißg Johr ungefähr*
Frau:	*Dou kummer in dreißg Johr fasd Neunzg Dausnd Euro zamm. Dou könnsd du dir heidzudooch ja fasd scho an glanner Fliecher kaufm.*
Mann:	*Dringsd du eichendlich a Bier?*
Frau:	*Naa*
Mann:	*Wou isn nou dei Fliecher?*

In Corona-Zeiten spitzen sich manche ehelichen Zwiegespräche zu – und zwar auf eine manchmal sonderbare Art und Weise:

Sie:	*Hosd du a Jaggn ohh?*
Er:	*Ja.*
Sie:	*Und an Mandl?*
Er:	*Ja, ja*
Sie:	*Fesdes Schuhwerg?*
Er:	*Ja freili*
Sie:	*Schal, Müdzn und Händscher?*
Er:	*Jaaa, sicher*
Sie:	*Hosd du aa an Hausschlüssl derbei?*
Er:	*Ja, suwiesu.*
Sie:	*Und die Masgn hosd aa ned vergessn?*
Er:	*Edz nerv mi ned, ich bring doch bluoß in Müll noo.*

… und noch eine lustige Unterhaltung:

Sie: *Glabbsd edz du wärgli an Corona?*

Er: *No freili*

Sie: *Siggsd du vielleichd Corona?*

Er: *Naaa*

Sie: *Konnst du Corona oolanger?*

Er: *Naaa*

Sie: *Nou gibds aa ka Corona.*

Er: *Hosd du eigendlich a Hirn?*

Sie: *No freili*

Er: *Konnsd du dei Hirn sehng?*

Sie: *Naaa*

Er: *Konnsd du dei Hirn oolanger?*

Sie: *Naaa*

Er: *Nou hosd aa kanns …*

ALTERNATIVE ERNÄHRUNG IN CORONA-ZEITEN 1

Sooo, jetzt aber. Jaaaa, ich geb's zu – ich bin genervt. Nein, nicht von Corona, obwohl *„aweng scho."* Was mich aber richtig nervt, ist das Thema Veganer, Vegetarier, Frutarier, Flexitarier etc.

Ich habe doch – linksdrehende Joghurtkulturen sollen meine Zeugen sein – nix dagegen, wenn diese Leute sich alternativ ernähren. Sollen sie doch.

Aber mich nervt dieses missionarische und bevormundende Gehabe, wenn ich mich auf mein *„Schäuferle"* oder auf meine *„Broudwärschd"* freue. Kleines Zugeständnis meinerseits: Ich esse dazu Salat aus freiverlaufenden Ackerfurchen. Und das auch noch mit einem automatisch stattfindenen freundlichen Gesichtsausdruck. Wirklich.

Manchmal bin ich ja ganz leicht buddhistisch unterwegs, aber natürlich immer in Richtung absoluter universeller Erleuchtung unter Mithilfe von zwei oder drei *„Seidla"* fränkischer Hopfenkaltschale – gell. Darf ich deshalb an dieser Stelle auch mit natürlich vergleichsweise buddhistischer Gelassenheit ein paar für mich wichtige Fragen stellen? Ja? Na gut. Los geht's:

- Was passiert, wenn Veganer auf Schnitzeljagd gehen?
- Nennt man Vegetarierkinder wirklich Sprösslinge?
- Stimmt es, dass Fahrrad fahren als veganes Reiten bezeichnet wird?
- Wenn Veganer demonstrieren, ist das dann ein Gemüseauflauf?

Ich höre an dieser Stelle schon, wie wahrscheinlich so mancher Leser auch, ein drohend-apokalyptisches Hintergrundrauschen. Dazu hier mein Statement:

Man muss ja „anders essende" Menschen nicht gleich ausgrenzen, man muss aber aus dem Thema auch nicht gleich eine Weltreligion machen. So. Punkt. Oder besser noch Ausrufezeichen!

Und jetzt kommt meine klugscheißernde Ader mal wieder durch:

Manche dieser ernährungsmäßigen Scheuklappen-Philosophen leiden dann letztlich unter „Ortho-Orexie."

So nennt man tatsächlich die Krankheit, bei der man an der Sucht nach gesundem Essen leidet.

Führt – wissenschaftlich belegt – zu sozialer Isolation und körperlichen Mangelerscheinungen.

Trotzdem sind diese Leute auf der unermüdlichen Suche nach der einzigen Zutat im Essen, die sie eventuell möglicherweise vielleicht unter Umständen nicht so vertragen und erwarten dann mit Hingabe, wenigstens für eine kleine Zeit, angetötet zu sein nach dem Motto „*Ich hobs doch glei gwißd. Hobbis ned gsachd?*" Heilung und Erleuchtung wird dann erwartet durch einen integralen lactosefreien Yogakurs, durch vegetative Klangschalentherapie und am Ende der Verdauungskette durch einen Besuch auf dem esoterischen Dixi-Klo.

Danach gibt es Dinkel- und Grünkohlplätzchen, natürlich glutenfrei und kalorienreduziert. Dann setzt man sich mit einem Low-Carb-Camenbert-Smoothie in der Hand vor den Fernseher und schaut Dschungelcamp. Und so feiert apostrophierter Schwachsinn fröhliche Urständ.

Jetzt aber: Zum Essen gehört natürlich auch das Trinken. Gründliche, allumfassende, empirische wissenschaftliche Untersuchungen zeigen, dass in Corona-Zeiten zuhause mehr getrunken wird. Aber nicht nur z. B. „Graupen-Stadtwoschd-Käskoung-Magermilch-Smoothie," sondern auch Alkoholika. Nicht, dass man sowas grundsätzlich positiv bewerten sollte, aber das ist einfach so.

Mein Kumpel Erich hat dazu seine eigene Philosophie. Er bekennt hier freimütig: „*Ich dringk ned mehr, als sunsd, sondern eimbfach aweng wos bessers. Gestern obnd z. B. hob ich mir einen 12-Stern-Metaxa gönnt. Dou hobbi eimbfach an 5-Schdern und an 7-Schdern zammgschüdd.*"

„*Ned schlechd – odder?*"

ALTERNATIVE ERNÄHRUNG IN CORONA-ZEITEN 2

Haben Sie meinen Beitrag letzte Woche zum Thema „alternatives Essen" gelesen? Ja? Und?

Hat das bei Ihnen irgendwelche Reaktionen hervorgerufen? Freudiges bauchfellmäßiges Glucksen in der Solarplexus-Gegend? Oder kopfnickendes Zustimmen bei gleichzeitig stattfindendem Grinsen? Oder wünschen Sie mir die Todesstrafe, ersatzweise mindestens aber teeren, federn, rädern oder sonstige Guantanamo-mäßigen Freundlichkeiten?

Es ist ja wirklich eine ganze Bandbreite an Reaktionen, die mein Statement ausgelöst hat. Ich habe daraus eine Menge gelernt. Ich esse z. B. in Zukunft Schnitzel nur noch, wenn es eine schöne Kindheit hatte. So. Und kurz vor Lockdown habe ich im vegetarischen Restaurant sogar die Blumendeko mitgegessen, weil ich geglaubt hatte, das wäre der „Gruß aus der Küche." Danach, so habe ich gelernt, muss man dann ganz entspannt aus dem Bauchraum atmen – und zwar in beide Richtungen. Ach ja – übrigens habe ich vor dem Lokal versehentlich mit zwei Reifen im Blumenbeet geparkt, um dann zu erklären, dass das veganes Parken darstellt.

Zufrieden – meine lukullischen Naturfreunde? Hey Leute, es soll doch hier nicht an mentalem Tiefgang mangeln – oder?

Apropos Weiterbildung: Noch etwas habe ich dazu gelernt. Es gibt einen Unterschied zwischen Fleischeslust und Fleisch-Esslust. Genau. Das ist der Humor, den ich liebe.

Im Übrigen habe ich mich im Netz ein bisschen umgeschaut, wie denn die Leute aus der Kabarettisten-Szene das Thema behandeln. Die junge aufstrebende Fee Badenius hat gedichtet: „Der Geist ist willig, das Fleisch so zart, vegetarisch leben ist so hart." Bodo Bach, einer der wirklich Großen auf der Kleinkunstbühne hat von seinem Besuch beim Veganer erzählt. „Ich bestelle Gemüse nach fleischiger Art: „Bohnen, aber schön blutig, die Keule vom

Broccoli – der Fettrand kann dranbleiben, und dazu fangfrischen Kopfsalat." Göttlich, der Mann und seine Ausführungen.

Und nicht zu vergessen die von mir so geschätzte Lizzy Aumeier. Sie erzählt: „… und dann der Tee. Früher gabs Kamille, Pfefferminz, Hagebutte und Schwarzen Tee. Fertig. Schau ich heute ins Teeregal, finde ich da folgende Teesorten: Kraft tanken, Entspannen, Positive Energie, Süße Träume, Heiße Liebe … Ja mein Gott, da ist im Teeregal ja mehr los als bei mir im Schlafzimmer. Halt – eine Sorte hab ich noch entdeckt: einen Tee gegen Blähungen. Der heißt „Flieg nicht so hoch, mein kleiner Freund…." Bravo, Lizzy. Chapeau!

Mein Fazit: Hey Leute, laßt doch jeden nach seiner Facon glücklich werden. Natürlich wirkt in Franken jeder verdächtig, der molekulare pflanzliche Biokost einem knusprigen Schäuferle vorzieht. Trotzdem bin ich von solchen Leuten zutiefst unbeeindruckt. *„Wärgli wohr."*

An dieser Stelle möchte ich nochmal auf meinen Kumpel Erich zurückkommen. Er legt ja immer explizit Wert darauf, der Flüssigkeitszufuhr denselben Stellenwert einzuräumen, wie der Nahrungsaufnahme. Und er kleidet diese für ihn bedeutsamen Vorstellungen mit Vergnügen in einen originellen Sprachgebrauch.

„Ich hob glesn, dass Bierdringkn is Leben verlängerd. Hobb, gäih mid, lass uns unschderblich werdn" – oder – *„Ich wolld heid schäi frühschdüggn, suu ummer zwaa middoch, obber ich hob in Korknzieher ned gfundn."* Auch schön: *„Algohol lösd kanne Brobleme. Milch obber aa ned."*

Ganz anders mein preußischer Nachbar, der verschmitzt erklärt: „Ich überlege mir ernsthaft, mit dem Trinken aufzuhören. Aber ich schwanke noch."
Lektion verstanden.

EIN BISSCHEN GRAMMATIK 1

In meinen beiden ersten Büchern habe ich mich ja umfänglich mit den Eigenheiten der *„fränggischn Grammadigg"* beschäftigt. Dürfen es diesmal ein paar lustige Beispiele der hochdeutschen Grammatik sein? Ja? Bitteschön.

Beginnen wir mit der Groß- und Kleinschreibung. In Zeiten von sozialen Medien und ihrer teilweise extremen Auswirkung auf den Schriftverkehr darf ruhig mal geschmunzelt werden. Der alte Herr Duden würde sich fühlen wie nach viel Melissengeist auf wenig Würfelzucker, wenn er diese Entwicklung noch mitbekommen hätte. Und jetzt bitte volle Konzentration – OK?

Schwiegermutter, ich hab dich ungeheuer gern.
Schwiegermutter, ich hab dich Ungeheuer gern.

Wäre er doch nur Dichter.
Wäre er doch nur dichter.

Er hat liebe Genossen.
Er hat Liebe genossen.

Der Gefangene floh.
Der gefangene Floh.

Helft den armen Vögeln.
Helft den Armen – STOP – nein, hier schreib ich nicht weiter, soll ja ein seriöses Kapitel sein.

Auch die Sache mit den Kommasetzungen kann sich fatal auf die Rhetorik auswirken, egal ob da mal ein Komma fehlt, oder es an ganz anderer Satzstelle platziert wird.

Wir essen jetzt, Opa.
Wir essen jetzt Opa.

Wir empfehlen ihm, zu folgen.
Wir empfehlen, ihm zu folgen.

Er will sie nicht.
Er will, sie nicht.

Professoren sagen, Studenten haben es gut.
Professoren, sagen Studenten, haben es gut..

Hier, nimm ein Gummibärchen.
Hier, nimm ein Gummi, Bärchen.

Das reicht noch dicke.
Das reicht noch, Dicke.

Was willst du schon wieder?
Was, willst du schon wieder?

EIN BISSCHEN GRAMMATIK 2

Hat man viel Zeit, wie z. B. in den Lockdownmonaten dieser Pandemie, kommt man als sprachinteressierter Mensch ja auf die unmöglichsten Ideen. Und es drängen sich einem viele gar nicht mal so dumme Fragen auf. Warum klingt es positiv, wenn ich sage „Das ist gut", aber es klingt negativ, wenn ich sage „Jetzt ist es aber auch gut"? Oder: „Darf der Zahnarzt dem Patienten bestätigen, dass die Zähne zu seiner Zufriedenheit ausgefallen sind?"

Man sollte auch vorsichtig sein, wenn es zwar um Gleichlaut, aber keinesfalls um Gleichsinn geht: „Das ist mein Vetter Georg" klingt doch genauso wie „Das ist mein fetter Georg." Anderes Beispiel. Oma steht mitten in der Straßenkreuzung. Wenn wir sagen: „Wir müssen Oma umfahren" – wie unterschiedlich kann man das auslegen? Liebevoll oder kriminell?

„Deutsche Sprache – schwere Sprache" – so lautet ein altes Sprichwort. Stimmt auch. Warum sagt man „Der Läufer läuft", „Der Säufer säuft" aber „Der Käufer kauft"? Jetzt geht es um den Satz „Du hättest nie geboren werden sollen." Ist das „Perfekt", „Plusquamperfekt" oder was? Mein Freund Luigi, deutsch-lernender Italiener, erklärt: „Das ist Präservativ defekt." Auch schön.

Luigi wundert sich ja oft über widersprüchliche oder unlogische Begriffe in unserer Sprache: z. B. Mini-Riesenrad, Holz-Eisenbahn, Schwarz-Licht, alter Knabe, oder offenes Geheimnis.

Er wundert sich auch oft über unsere Imponier-Vokabeln in der Umgangssprache. Recht hat er. Ich habe mir Formulierungen notiert, die Menschen von sich gegeben haben, die sich als Vokabel-Jongleure vorkamen, dabei aber nur Stuss geredet haben. Ein zweites Wohnzimmer hat man da als „alternatives Kommunikationszentrum" bezeichnet, ein Blümchenmuster als „florales Design", die Begriffe „kaum" oder „selten" wurden verschwurbelt mit „prozentual im ganz minimalen Rahmen" benannt, wer ein bisschen krank ist, hat eine „vegetativ-funktionale Fehlsteuerung" und wer gerade meckert, ist dabei, „Unzufriedenheit zu artikulieren." Na gut, da kann ich aber mithalten.

Aufgemerkt: Den Hintern, den Po, werde ich zukünftig folgendermaßen bezeichnen: „Stoffwechsel-Endprodukt-Ausscheidungsorgan." Manchmal muss man ironischerweise einfach noch einen draufsetzen – oder?

Der deutsche Sprachpapst Wolf Schneider, damaliger Leiter der Hamburger Journalistenschule und Gradmesser für jeden schreibenden Menschen, hat vor langer Zeit das Buch „Deutsch für Profis" als Orientierungshilfe für Grammatik, Stil und Rhetorik herausgebracht. Auch er hat Sprachwitz bewiesen, wenn er behauptete: Die drei deutschen Wörter, die man nicht steigern kann, sind „dreiseitig, schulfrei und tot." Der Mann hatte sogar Humor.

Freund Erich dagegen erklärt Grammatik augenzwinkernd höchst fränkisch: *„Is di Grammadigg aa ned richdich – ich liebe dir, und des is wichdich!"*

Nochmal kurz zurück zu Luigi. Er tut sich schwer damit, die Doppeldeutigkeiten in unserer Sprache immer und auf Anhieb richtig einzuordnen. Warum heißt der Einlauf der Fußballspieler im Stadion genauso wie der Einlauf, den man im Krankenhaus bekommt? Warum kann ein Spion genauso überlaufen wie eine Badewanne? Warum kann man einen Spiegel genauso von der Wand abnehmen, wie man an Körpergewicht abnehmen kann? Ein Buch wird gelesen, und der Wein bei der Ernte wird auch gelesen? Ich kann vor der Reise mein Gepäck aufgeben, ich kann aber auch bei einem Wettbewerb vorzeitig aufgeben. Eine bestimmte Idee solle noch mal überdacht werden, der Autostellplatz aber auch. Bei dem Beispiel „Das Brot unter den Armen verteilen" hör ich jetzt auf. Könnte caritativ, aber auch unhygienisch werden.

TELEFON ALS ERSATZ ZUR SOZIALEN DISTANZ

Im unheilvollen Zeitalter der Kontaktbeschränkungen gibt es ja immer noch eine Möglichkeit, das Fenster nach draußen offenzuhalten: *„Des Dellefoon."* Gerade vor, an und nach den Feiertagen. Ich telefoniere wirklich sehr viel zur Zeit und habe festgestellt, dass es auch hier Situationen gibt, bei denen man nicht weiß: Soll man vor Lachen losbrüllen – oder sich gar fürchterlich aufregen. Ich bin ja vom Sternzeichen her Krebs, aber im Aszendenten Sylvester-Böller.

Also – alles ist denkbar – gell.

Beim Telefonat heute früh ging es ums Impfen. Der am anderen Apparat, ein langjähriger Kumpel, hat mir erklärt: *„Des mid dem Imbfm mou mer si fei ieberleeng. Im Johr 1874 homs domols di Imbfung gecher Pockn vurgschriem. Also braggdisch Imbfbflichd. Und wos viel Leit gor nemmer wissn: Die Pockn sin zwor ausgerodded, obber alle däi, wou domols 1874 g'imbfd worn sin, däi sin heit alle doud. Alle! Wos sagsdn edz?"* Ich habe dann geantwortet, dass man sich in so einem Fall geistigen Beistand holen müsste, und zwar z. B. beim heiligen Ramazotti.

Einen netten Tipp bekam ich von einem früheren Arbeitskollegen. Er hat mir telefonisch erzählt: *„Ich gäih edz immer schbaziern mid anner Schüssl Nudlsalod und an Fläschla Wein im Arm. Des gibd mer nou wenigsdns des Gfühl, irchndwou eiglodn zu sei!"*

Apropos Telefon. Ein Freund aus meiner Herpersdorfer Montagsradlergruppe erzählt mir:

Mir hom unserer uraldn Nachberi welcher Corona a su a Smardfoon kaffd.

Gesdern hods mi gfrouchd, ob ich ihr ned amol die Nummer vo ihrer Dochder eigebn könnd, wall si hod edz scho drei mol ihr Ohr foddografierd.

Und ich hab mit einem früheren Musikerkollegen telefoniert. Lange. Er ist einer der wenigen fränkischen Gefühlsfeuerwerker, also quasi eine Ausgeburt an Frohsinn. Und das in *Nämberch*! Ich weiß, dass er letztes Jahr schon ordentlich an Umfang zugenommen hat, aber jetzt über die Feiertage – so hat er mir erklärt – *„gängerd sei Wooch numol seggs Kilo vur"*, um dann poesievoll nachzuschieben: *„Zäich ich Arm und Baaner ei, könndi gladd a Kugl sei."*

Er hat mir dann erzählt, dass sein Staubsauger *„hie wär"*, aber das monetäre Polster momentan nicht so dick, und was ich denn an seiner Stelle machen würde, entweder *„sein Bauschborverdrach auflösn odder a Dahrlehn vo der Bank nehmer."* Ich hab ihm dann geraten: *„Am besdn bringsd dei kombleddes Leergut vo di kombleddn Feierdooch wech, nou langds aa fir an neier Saucher."* Ganz nebenbei: Das ist ja auch der Mensch, der von „Massenbierhaltung" in seinem Kühlschrank spricht. No sauber!

Vom Getränkehändler seines Vertrauens hat er zu Weihnachten einen Sixpack Pils mitbekommen. Weil er halt ein Humorbolzen ist, hat er brav einen Diener gemacht und gesagt: *„Auch im Namen vo meine Eldern und vo meine Großeldern – gell – mir bedanggn sich und dringkn auf ihnen."*

Weil wir gerade beim Thema „Telefon" sind: Ich habe mitbekommen, dass in diesen verrückten Zeiten die Menschen auch immer verrücktere Ideen für lustige Texte auf ihren Anrufbeantwortern haben. Hier eine kleine Auswahl meiner Erfahrungen:

- *Grüß Godd. Ich sitz grod neberm Delefon und horch erschd amol, wer dou oorufd. Wenn ich edz wärgli abheb, nou ghörd ihr zu di Auserwähldn.*

- Mein Name ist Band. Ton-Band. Bitte ziehen sie eine Nummer und warten, bis sie aufgerufen werden. Dann bitte Namen, Telefonnummer und Anliegen innerhalb von 5 Sekunden nennen.

„Allmächd! Jaaa, su konns gäih."

BÜROKRATENDEUTSCH

Leute, ich kann nicht anders. Ich muss mich – und das höchst dankbar – auf ein spezielles Thema stürzen. Dankbar, weil sich der von mir so geschätzte Dr. Norbert Autenrieth in einem bemerkenswerten Leserbrief zum Thema „Bürokratie" sehr dezidiert geäußert hat, und zwar im Zusammenhang mit der Impfstrategie in Deutschland. International gelten wir hier als „Master of Disaster." Dazu verweist sein Leserbrief auch noch genüsslicherweise auf „Meyers Konversationslexikon" von 1894. Köstlich! Aber nicht nur zum Bürokratismus, auch zum Bürokratendeutsch gibt es noch viele lustige und bemerkenswerte Geschichten.

Dieter Nuhr erklärt kabarettistisch: „Statistiken sind Hochrechnungen auf der Basis von Schätzungen, denen Vermutungen zugrunde liegen, die auf Spekulationen beruhen …" Aha!

Ausgerechnet heute, am 6. März 2021, erscheint in der NN-Ausgabe ein Hinweis auf Bürokratie und ihre verschwurbelten Ausdrucksweisen. „Der amtsdeutsche Begriff für eine Schubkarre ist >Einachsiger Dreiseitenkipper<. Mehr muss man über Deutschland eigentlich gar nicht wissen."

Die Menschen, die so etwas verzapfen, sind der lebende Beweis dafür, dass Gehirnversagen nicht automatisch zum Tode führt. Der Kabarettist und Satiriker K. Kraus bemerkt zu solcherlei Geschichten: „Es genügt nicht, keine Gedanken zu haben, man muss auch unfähig sein, sie auszudrücken."

Und hier noch ein Original-Bauschild aus dem Netz gefischt: „Diese Treppe ist gesperrt, weil die Stufen nicht der Norm entsprechen. Allerdings kann sie nicht umgebaut werden, da sie unter Denkmalschutz steht." Rrrrums – voll auf die zwölf. Es kommt noch besser. Eine Treppe wird als „höhenmetergewinnende Stufenanlage" bezeichnet.
An die Adresse aller im Geiste zurückgebliebenen Bürokratenhengste frage ich: *„Allmächd, homm mir kanne andern Sorgn?"*

Man kann solcherlei rhetorische Vollpfosten auch im Privatleben erleben. Wenn man dann eine einigermaßen sensible Antenne für sprachliche Luftblasen entwickelt hat, erinnert man sich gerne an interessante, weil absurde Redewendungen. Es ist Jahre her. Ich war auf einer Gartenparty zu Gast. Der vorbeilaufende Nachbar hat gefragt – und jetzt Achtung – ob es hier einen Feiervorgang zu bewerkstelligen gäbe. Auf die Aussage des Gastgebers, dass man öfter feiern sollte und dabei auch mal ordentlich einen zur Brust nehmen sollte, antwortete der Nachbar, „dass dieser Standpunkt nicht in seinem Naturell verankert sei." (*„Dou rollds mer ja is Zäbfla hinder"*).

Natürlich gibt es auch zu diesen Themen interessante Beiträge aus der Abteilung „Nonsens." Beispiel: Über einen Fluß sollten drei Brücken gebaut werden. Je ein Bauauftrag ging an die USA, an Italien und an Deutschland. Nach 11 Monaten wurde der jeweilige Baufortschritt abgefragt. Die USA: Noch acht Wochen, und wir sind fertig. Italien: Noch acht Monate, und wir sind fertig. Deutschland: Noch acht Formulare, dann fangen wir schon an.
Leider typisch – oder?

Und natürlich gibt es sprachlich schon noch etliche Highlights. Schenkelklopfen ist erlaubt. „Restmüllbehältervolumenerhöhung" meint, man soll doch einfach noch eine zusätzliche Tonne aufstellen. Ein einfaches Drehkreuz, z. B. am Eingang zum Fußballstadion, nennen Bürokraten „Personenvereinzelungsanlage." Auch ein schönes Beispiel: Einen Kalender bezeichnet man als „Datenverortungsanlage mit Terminfrüherkennungsautomatik", und eine Kuh, das weiß man mittlerweile, ist eine „raufutterverzehrende Großvieheinheit." Herr, schmeiß Hirn vom Himmel!

Zu all diesen Themen darf ich zum Schluß noch den großen Astro-Physiker und Philosophen Stephen Hawking zitieren: „Es kommt nicht von ungefähr, dass alle Teleskope, die nach intelligentem Leben suchen, von der Erde weggerichtet sind." Besser kann man es nicht erklären.

EINFACH VERRÜCKTE ZEITEN 1

Natürlich weiß ich, dass man nicht immer gleich von sich auf andere schließen soll. Aber z. Zt. hab ich schon den Eindruck, dass ich nicht alleine der Meinung bin, die Welt würde immer verrückter. Oder die Menschen. Diese Woche war bei Maischberger in der Talkshow eine völlig eingeblödete Schriftstellerin zu hören. Es ging wieder mal um das ungelenke Gendern. Und diese Frau hat – allen Ernstes – vorgeschlagen: Es sollte geschlechtsneutral doch ganz einfach „Das Bundeskanzler" heißen. Wirklich. Ist in der Mediathek nachzusehen. Geht's noch? Welche Medikamente nimmt diese Frau? Dabei müsste das doch in Zukunft heißen: „Bundeskanzlernde Person." Gell. Ist doch ganz einfach – man muss da doch nur in der „Düdin" nachsehen (das ist die gendergerechte Ausführung des Duden).

Warum fällt mir gerade Konrad Adenauer ein, der gesagt hat „Isch bin ja mit dem läiven Jott so weit einverstanden, aber dat er der Klugheit Jrenzen jesetzt hat und der Dummheit nicht, dat nehme isch ihm wirklisch übel." Jaaa, wir haben nun mal die Freiheit, zu verblöden. Und manche Menschen nutzen das sogar. Apropos Politiker: Ich habe mich gefragt, was passiert eigentlich, wenn sich Politiker unter der Gürtellinie in die Haare kriegen? Die habens ja zur Zeit auch wirklich nicht leicht, egal, was sie entscheiden, oder wie sie entscheiden. Drum möchte ich momentan ja auch kein Politiker-Unterschenkel sein, weil (Originalton meines Nachbarn) „denne werd doch zur Zeid dauernd ans Baa pinkld."

Natürlich gibt es auch noch andere Verrücktheiten. Hab ich belauscht. Bei dem einen oder anderen Gespräch über die Gartenzäune der Nachbarschaft hinweg, bzw. bei dem einen oder anderen Telefonat.

Nachbar A zum Nachbarn B: „Also mei lingges Gnie, des doud dermaßn wäih, und mei Doggder hod gsachd, des wär a Alderserscheinung."
Nachbar B: „Wäisu des, des andere Gnäi is doch genausu ald?!?"

Auch schön:

Nachbarin A zur Nachbarin B: *„Ich mecherd amol gern in Würde aldern."*

Nachbarin B: *„Und ich läiber in Mallorga."*

Einer meiner leicht adipösen Verwandten erklärt mir am Telefon: *„Des Johr konni is erschde mol ned af di Maledivm. Weecher Corona. Sunsd hobbi immer ned af die Malledivm kennd, walli ka Kohle ghabd hob."* Ja, er muss sparen, koste es, was es wolle.

Übrigens: Nicht nur Luigi, mein Lieblingsitaliener, stellt verrückte Fragen, auch aus dem Freundeskreis prasseln mittlerweile lustige Hinweise auf mich ein. Ich sollte doch noch ein paar intelligente Fragen in meinen Zetteln verankern und zusehen, ob ich darauf auch Antworten bekomme. OK. Probieren wir es aus.

„Wenn mer an Erb-Onkl ermordet, is des dann a endfernder Verwandter? Is a Scheinwerfer jemand, der eimbfach mid Hunderder umernander schmeißd? Und kommer an idalienischn Kellner als „Schbageddi-Drächer" bezeichnen? Wos hod denn a Lücknbüßer midm Zahnarzd zum dou und der Schdrassnschdrich mid aner Fahrbahnmarkierung?"

Ich glaube, dass drei Pfund Rindfleisch eine gute Suppe geben, aber ich glaube nicht an vernünftige Antworten auf verrückte Fragen.

Und hier ein kleines Statement meinerseits: Wenn irgendwann die ganze Corona-Geschichte vorbei ist, und mich lädt irgend jemand zum Maskenball ein, dann wird's schlimm. Ich hab dann wahrscheinlich emotional ganz extrem nahe am gestreckten Mittelfinger gebaut …

EINFACH VERRÜCKTE ZEITEN 2

Dies sind ja, meine lieben Leser und Leserinnen, Kapitel über viele Eigenheiten in diesen Corona-Pandemie-Zeiten. Aus meiner Sicht gehört dazu, dass man seine Mitmenschen, überhaupt sein komplettes Umfeld diffiziler und sensibler beobachtet, als zu „normalen" Zeiten. Egal, ob das am Telefon, beim Gespräch über den Gartenzaun, im Supermarkt oder in der Warteschlange vorm Metzger oder vorm Bäcker ist.

Hier ein nettes Gespräch neulich vor der Kneipe – nein, nicht in der Kneipe, sondern davor, beim Abholen von bestelltem Essen. Zwei Männer, die sich kannten: *„Mei Frau hod mir edz is Dringkn und is Rauchn abgwöhnd. Zum Dangk derfür helf ich ihr edz immer bam Gschirr-Schbüüln, bam Fensderbudzn, bam Abschdaubm und bam Schdaubsaungg."*

Jaaa, genauso ein Ehepaar wohnt bei mir in der Nähe. Kennen sie diese Art von Frauen auch? Die kritisieren und mäkeln so lange an ihrem Mann herum, bis sie ihn so geformt haben, wie sie ihn haben wollen. Und dann beschweren sie sich lautstark, dass er nicht mehr der alte von früher ist. Und zwar mit der Stimme eines Feldwebels nach dem vierten Obstler und der Figur einer ausgewachsenen Hüpfburg. Tja. Diese Frauen sprechen dann unter ihresgleichen von „Männern und anderen geduldeten Bevölkerungsgruppen." Ich frage mich dann immer, ob das nicht ein Fall für die Genfer Menschenrechtskonvention wäre.

Ganz anders: Goldig und liebenswert sind da manchmal die ganz Alten. Mein immer sehr humorvoller Freund Kurt gehört dazu. Er sagt von sich selbst: *„Ich ghör zu di Friedhofsverweigerer, erfolgreich und je nach Bedarf senil, mit der Blutgruppe Stachelbeermarmelad."* Er hat mir augenzwinkernd anvertraut, dass er seit neuestem das selektive Zuhören beherrscht. *„Ich hör blouß nu des, wos i hörn will, und des seeeehr selegdiv, verschdäihsd?"*

Ja, auch andere Gespräche kann man belauschen. Und man kann wirklich interessante Fragen aufschnappen. *„Schdimmd des, dass Mangos aus der Mangolei kummer?"*, oder *„Konn mer als Geigerzähler wärgli in an Schdreichorchesder ärberdn?"* Auch schön: *„Hod neili anner gsachd, dass Grubbnsex immer blous su schdarg is, wäi des schwächsde Glied! Is des suu?"*

Im *„Subbermargd"* erzählt eine Kundin in der Schlange an der Kasse ihrer Freundin von der Whatsapp ihres Sohnes: „Hallo Mama, nun erschrecke nicht gleich, und flippe nicht gleich aus, wenn ich Dir schreibe, dass ich im Krankenhaus bin." Antwort der Mama: „Mensch, du bist seit sieben Jahren Arzt und in dem Krankenhaus beschäftigt. Hör endlich auf, jedes mal so ein Theater zu machen."

Erkenntnis: Na ja, ein IQ von 110 ist ja wirklich beachtlich. Ausgesprochen blöd ist es halt, wenn man sich den mit mehreren Personen in der Familie teilen muss – oder?

Haben Sie zum Schluss dieses Kapitels noch ein wenig Lust auf anarchischen und ausschließlich schwachsinnigen Humor? Ja? Bitte schön. Es geht um die Frage, ob es noch blödere Fragen gibt:

Haben Buddhistisches Standesamt und statistisches Bundesamt etwas gemeinsam? Kann ich mit defekten Glühlampen eine Dunkelkammer einrichten? Gibt es Albino-Eisbären? Wird beim Namen-Tanzen in Waldorf-Schulen bei einem Doppelnamen der Bindestrich mitgetanzt? Und hier die ultimative Frage: Wenn Adam und Eva Chinesen gewesen wären, hätten sie dann den Apfel hängen lassen und die Schlange gefressen?

ANTISPRICHWÖRTER UND IHR ORIGINAL 1

Früher, also ich meine ganz früher, waren die Männer die Jäger und die Frauen die Sammlerinnen.

Mittlerweile muss man für sei *„Schäuferla odder für seine Broudwärschd"* nicht mehr auf die Jagd gehen. Also liegt auch beim Mann der Schwerpunkt inzwischen beim Sammeln. Auch bei mir. Seit meinem ca. 18. Lebensjahr sammle ich Blödsinn aus allen Humorbereichen. Ganze Zigarrenkisten voll Schnipsel, Zettel und Notizen haben sich da angesammelt. Sollte ich mal alt werden, dann hab ich Zeit, dann wird das alles in die Tastatur und auf die Festplatte geklopft.

Im Moment krame ich immer wieder in den Kistchen und entdecke Themen, für die ich gerade in dieser Pandemie-Zeit viel Muse finde. Ich bin dann am ordnen, selektieren, um dann *„a glans Gschichdla"* draus zu machen. Hier soll es um Sprichwörter gehen, die verfälscht, sinnlos ergänzt oder durch Entstellung witzig in Frage gestellt werden.

Freund Luigi ist ein Vorzeige-Protagonist für solche sprachlichen Entgleisungen (er macht alles, ohne mit der Wimper zu zögern).

Sprichwörter sind ja eigentlich alte Lebensweisheiten, entstanden aus der Erfahrung langer Jahre. Der Wahrheitsanspruch wurde zwar kaum in Frage gestellt, aber oft wurde verballhornt und die Bedeutung sogar ins Gegenteil verkehrt. Aus altväterlichen Weisheiten wurden also manchmal Anti-Sprichwörter mit wirklich humorvollem Hintergrund.

Aus „Aller Anfang ist schwer" machten die Adipösen „Aller Umfang ist schwer." An diesem Beispiel kann man wunderbar demonstrieren, dass Sprichwörter nicht nur verfälscht, sondern auch durch sinnwidrige Ergänzungen völlig auf den Kopf gestellt wurden. „Aller Anfang ist schwer – sagte der Dieb – als er einen Amboß gestohlen hat."

„Man muss die Feste feiern, wie sie fallen" sagt ein altes Sprichwort. Daraus wurde „Man muss die Gäste feuern, wenn sie lallen." „Gelegenheit macht Diebe" ist hinlänglich bekannt. „Gelegenheit macht Liebe" aber eine putzige Variante. Früher hieß es „...da muss eine alte Frau lange dafür stricken", heute aber „... da muss eine junge Frau lange dafür strippen." Der Spruch „Lügen haben kurze Beine" wurde von der Möbelindustrie abgeändert in „Liegen haben kurze Beine."

Wer kennt nicht den Spruch „Morgenstund hat Gold im Mund." Findige Sprachjongleure haben gleich zwei Varianten parat: „Morgenstund hat Gold im Mund und Blei im Hintern", aber auch: „Morgenstund hat Mundgeruch und unser kranker Nachbar auch."

Eingeladen auf einem Stehempfang mit reichlich Getränkeauswahl habe ich vom Gastgeber gehört „Der Klügere kippt nach." Dass der Klügere eigentlich nachgibt, ist bekannt. Es heißt aber auch: „Der Klügere gibt solange nach, bis er der Dumme ist." Nachdenkenswert.

„Wer schläft, sündigt nicht." Altbekannt. Hier eine nette Ergänzung: „wer aber vorher sündigt, schläft besser." Hier ein Beispiel, das zu meinen Favoriten zählt: „Glaube kann Berge versetzen." Humorreiche Ergänzung: „Was nützt dir das, wenn du weder Berg noch Baugenehmigung hast."

Dass viele Köche den Brei verderben, ist ja bekannt. Weiß man aber auch, dass viele Köche die Köchin verderben können?

„Die Würde des Menschen ist unantastbar", ein Auszug aus dem Grundgesetz. G. Jahnke machte daraus: „Die Würde des Mannes ist unten tastbar." Da fällts mir ja wie Schuppen aus den Haaren.

ANTISPRICHWÖRTER UND IHR ORIGINAL 2

Es ist immer schön, wenn man auf seine zu Papier oder zu Festplatte gebrachten Gedanken ein entsprechendes Echo erfährt. Jaaa, zugegeben, das fällt nicht immer nur positiv aus, manchmal wird auch rumgemeckert. Aber meistens sind die Rückmeldungen schon positiv, sogar Anregungen, Ergänzungen und tolle Ideen erreichen mich dann, auch welche aus dem Kollegenkreis der Autorengemeinschaft. Z. B. von Manfred Schreiner – *dangge* – gell!

„Also dann – mach mer hald nu aweng weider mid däi falschn Schbrichwörder."

„Ehrlich währt am längsten", so lautet eine uralte Lebensweisheit. Was machten lustige Menschen daraus? „Ewig währt am längsten", aber auch „Honig klebt am längsten." Aus „Wie man sich bettet, so liegt man" wurde „Wie man sich fettet, so riecht man." Gut, solche Aussagen sind natürlich ein zweischneidiges Pferd. Logisch. Auch nette ergänzende Kommentare hören sich interessant an: „Unser Nachbar lebt von der Hand in den Mund. Da wird er sich beim Suppe essen ganz schön schwer tun."

Das sind genau diese alten Lebensweisheiten, die durch sarkastische Ergänzungen konterkariert werden. Hier eines der schönsten Beispiele: „Wie du mir, so ich dir." Ist bekannt – oder? Da gibt es aber noch eine originelle Fassung: „Wie du mir, so ich dir – sagte der Arzt und streckte dem Patienten die Zunge raus." Entblößende Weiterdichtung nennt man das. Hier noch so ein Beispiel: „Guter Rat ist teuer." Kennt man. Und die Blödsinnsvariante lautet: „Gutes Rad ist teuer, sagte der Schorsch, als ihm das Fahrrad gestohlen wurde." Der Spruch vom „Elefanten im Porzellanladen" ist sicher bekannt. Weniger bekannt ist, dass sich in der Serengeti wegen der vielen Elefanten keine Porzellanläden halten können. Na toll, jetzt weiß ich, was sprachliche Blutgrätschen sind.

Nun machen wir einen Ausflug in die moralische Abteilung. „Der Geist ist willig, aber das Fleisch ist schwach." Hier die einsichtige Änderung: „Das Fleisch ist willig, aber das Gras ist nass." Zu diesem Thema passt auch: „Wer Glück im Spiel hat, hat auch Geld für die Liebe." Stimmt! Schwamm beiseite! Dann aber: „Die Axt im Haus erspart den Scheidungsrichter." Vom Gedanken her gleichen sich diese Aphorismen wie einäugige Zwillinge.

Für Hardcore-Humoristen gibt es natürlich auch dadaeske Beispiele. Hier regiert der zelebrierte Schwachsinn. Da braucht man schon ein Herz für abstrakten Blödsinn, um das gut zu finden: „Wer andern eine – selbst hinein", oder „Wie man sich bettet, so schallt es heraus." Überhaupt die Über-Kreuz-Fassungen sind absurd: „Quäle nie ein Tier zum Scherz, denn es könnt geladen sein, jedoch spiel nicht mit dem Schießgewehr, denn es fühlt wie du den Schmerz."

Auch aus der historischen Kategorie gibt es schöne Beispiele. Ich bezeichne das als Sprichwörterverfremdung durch den Volksmund: „Was tun, sprach Zeus, die Götter sind besoffen – und der Olymp ist vollgekotzt." Dazu passt auch: „Wer zuletzt lacht, hat den Witz nicht eher verstanden" und „Geld allein macht nicht glücklich. Da gehören schon noch Gold, Aktien und Grundstücke dazu." Aha. Und: „Lass dir kein X für ein U vormachen, sei auf der Hxt!"

Zu all diesen Themen passt eine Universalaussage, die mir ans Herz gewachsen ist: „Es genügt nicht, keine Gedanken zu haben, man muss auch unfähig sein, sie auszudrücken, außerdem – woher soll ich wissen, was ich denke, bevor ich gehört habe, was ich sage?" Abschließend der signifikante Hinweis für die Leser: „Dieses Kapitel ist ab sofort wegen zu geschlossen."

Nix gegen Egon. Er ist ein wirklich netter. Ich meins auch so. Hilfsbereit ist er und harmlos. Er hat halt Zirrhose für eine Wolkenart gehalten, bis er den Alkohol entdeckt hat. Und – es gibt vier kritische Phasen in seinem Leben – nämlich Frühling, Sommer, Herbst und Winter. So. Das ist Egon. Er hat übrigens, ohne es zu wissen, zu meiner Sammlung verfälschter Sprichwörter beigetragen, weil er immer wieder mal einen raushaut, dass einem Hören und Riechen vergeht.

Immer wieder hab ich im Lauf der Zeit ein paar seiner unbeabsichtigten Wortschöpfungen notiert.

Bei manchen hätte man fast zur Salzsäure erstarren können. Wenn er bei der Losbrieflotterie mal einen Zehner gewonnen hatte und den dann zeitnah in eine Hopfenkaltschale verwandelt hat, meinte er: „Wie gewonnen, so zertreten." Und außerdem sollte man sich merken: Steter Tropfen höhlt die Leber. Manch merkenswerte und bemerkenswerte Aussage hat er getroffen: Spare in der Not, da hast du Zeit dazu. Oder: Was du heute kannst besorgen, hat übermorgen auch noch Zeit.

Egon gehört nicht zu den Frühaufstehern. Auf meinen Hinweis, dass der frühe Vogel den Wurm fängt, entgegnete er mit verschmitztem Lächeln: *Der frühe Vugl, der konn mich amol.* Er behauptet auch, dass ein blindes Huhn manchmal einen Korn trinkt. Wobei schlafende Hühner zu wecken gar nicht so ungefährlich sei. Ist eine bestimmte Aufgabe zu erledigen, sagt er voraus, dass der Kelch wohl an ihm hängen bleibt und deswegen überhaupt kein Grund zur Veranlassung besteht. Er will ja auch keinen schwarzen Kater an die Wand malen.

Immer wieder versucht er, die eigenen Schnäppchen ins Trockene zu bringen, bevor er irgend eine Suppe selbst ausbaden muss. Manchmal beschwert er sich auch. Das geht ihm dann über den Kragen und die Hutschnur platzt. Ja genau, so schaut die andere Seite der Perle aus. Und dann ist da auch noch seine Frau. Der muss man ab und zu mal zeigen, wo die Zange hängt. Da muss man manchmal mit spitzer Zunge auf den Putz hauen – gell. Apropos Spitze: Die Spitze eines Eisberges kann man nicht einfach unter den Teppich kehren. Auch dann nicht, wenn es zugeht wie in Sodom und Angola.

Außerdem: (O-Ton Egon) *„Mer mou immer nu a zweids Baa im Feuer hom."* In besseren (Kneipen-)Zeiten konstatierte er: *„Der Mensch lebd ned vom Brod alla"* – und hat sich beim Wirt sofort noch eine Halbe Bier bestellt. Auch über die Damenwelt hat er sich Gedanken gemacht: Man soll die Braut nicht vor dem Morgen loben. Bei dem Thema „auf die Linie achten" kam sofort die Bemerkung: *„Des gilt ba mir blouß fir di Schdrasserboh."*

Manchmal schimpft er auch. *„Ich hob die Schnauze satt. Des Leben is doch ka Pony-Schleckn."* Manchmal ist er auch schlagfertig. Wir unterhielten uns über Gefahren beim Arbeiten. Ich sagte: „Manche Arbeiten sind so gefährlich, da steht man mit einem Bein im Grab." Darauf Egon; *„Des is einem Dausndfüßler obber woschd. Ich waß des, weil ich eine Konifere bin."*

Bei der Suche nach dem Elefanten im Heuhaufen steckt er oft ganz schön in der Bretagne – sagt er. Ja gut, ein bisschen leidet er auch unter ADAC. Zementiert sind seine Grundsätze. *„Erschd di Ärbert, nou is Vergnügn"*, meinte er und ging mit seiner Frau bis zum Beginn der Sportschau ins Bett. Sooo – und als mein Nachbar dieses vorliegende Kapitel gelesen hatte, meinte er: „Da bleibt wirklich kein Auge trocken" und kippte einen Obstler auf sein Hühnerauge.

KLEINER ZWISCHEN-RÜCKBLICK 1

Es wird besser mit der Pandemie. Sagen jedenfalls die Epidemieologen, die Politiker und die Nachrichtensprecher. Und natürlich die talkshow-kompatiblen rhetorischen Dauerschwurbler in den einschlägigen TV-Diskussionen. Da reizt es mich, mal inne zu halten und in einer kleinen Retrospektive die vergangenen Monate Revue passieren zu lassen. Wenn irgendwann, und zwar am besten bald, die ansteckenden Zeiten vorbei sind, ist Lachen hoffentlich das Einzige, was noch ansteckend ist.

Darf ich bei mir selbst anfangen? Also – es geht mir gut. Ich war eher vorsichtig als leichtsinnig, wobei es ein Jammer ist, dass die Dummköpfe immer so selbstsicher sind und nur die Klugen so voller Zweifel. Ich bin zweimal geimpft, mein Gesicht ist in den vergangenen Monaten ähnlich gut gealtert, wie ich selbst, meine scheckheftgepflegten Gliedmaßen und Innereien sind OK, und ich kann meinen Nachbarn nicht verstehen, der sich beklagt, dass ihm beim Testen schon langsam die Körperöffnungen ausgehen.

Was den sportlichen Aspekt betrifft – ich bin letzte Woche nachts von 23.58 Uhr bis 00.02 Uhr auf das Laufband, um dann großkotzig zu erklären, ich hätte zwei Tage hintereinander Sport gemacht.
Ganz anders als Freund Erwin. Der wohnt im Hochhaus im 8. Stock, fährt mit dem Aufzug hoch und geht dann 20 Minuten auf den Stepper, den er sich extra gekauft hat, um in Corona-Zeiten *„ned gor su arch zouzunehmer."* Da hält das Universum doch den Atem an – oder?

Es ist ja auch nicht einfach, in diesen Zeiten das Gewicht zu halten. Weil es halt auch komische Regeln gibt. Beispiel: Wenn von der Tafel Schokolade eine Rippe unsauber abbricht, MUSS man die nächste Rippe auf jeden Fall (!) auch noch essen. So lautet das Gesetz. Punkt. Für mich wäre das ein typischer Fall für „Galileo Mystery."

Jetzt aber völlig im Ernst: Ich wollte gestern wirklich Sport machen. Wirklich. Leider ist mir dann eingefallen, dass mein Turnbeutel, also der selbstgenähte aus Stoff, dass der ja damals in der Grundschule verloren gegangen ist. Und jetzt klingt das ja so, als hätte ich mir das alles ausgedacht. Hab ich ja auch. Na ja. Aber eine Geschichte ist wahr: Ich hab mir einen neuen Wecker gekauft. Einen mit mehreren möglichen Wecktönen. Ich hab das Wecksignal „tosender Applaus" gewählt. So wird wenigstens ordentlich und überzeugend gewürdigt, wenn ich am späten Vormittag aufstehe.

So, was sollten wir noch besprechen?

Ach ja, es ist ja immer wieder interessant, wie die Mitmenschen mit gewissen Lebensweisheiten umgehen, vor allem in Pandemiezeiten. Eine dieser Erkenntnisse heißt: „Man soll die Kleidungsstücke wegwerfen, die man schon länger als 12 Monate nicht mehr getragen hat. Und wieder der Kommentar von Freund Erwin: *„No ja, nou häddi ja blouß nu eine Underhusn, ein Underhemmerd, ein boor Schdrümbf, ein Hemmerdla und eine Drääningshuusn. Scho aweng bläid – odder?"*

Bei mir ist das ganz anders. Ich habe z. B. 10 (in Worten: zehn) Jeans. Natürlich ist eine davon meine Lieblings-Jeans. Dann habe ich noch eine, die ich trage, wenn die Lieblingsjeans gerade gewaschen wird. Dann gibt es noch zwei, in die ich nicht mehr reinpasse, wobei ich aber hoffe, dass das irgendwann doch wieder geht. Und dann sind da noch sechs alte Jeans, die man ja unbedingt aufheben muss für eventuell anfallende Umzugs-Hilfsarbeiten im Verwandten- oder Bekanntenkreis. Wenns Ihnen genauso geht – bitte lächeln.

KLEINER ZWISCHEN-RÜCKBLICK 2

Gibt es bei Ihnen, liebe Leserinnen und Leser, auch so einen kleinen Zwischen-Rückblick zum gefühlten und erhofften Ende der Coronazeit? Einer Zeit, die uns viele neue Erfahrungen gelehrt hat? Ich staune immer wieder, mit welcher Offenheit mir Mitmenschen ihre Erlebnisse, Ereignisse und Einsichten mitteilen, um sie literarisch für die Nachwelt verarbeiten zu lassen. Obwohl sie oft zum Glucksen komisch sind. Das betrifft vor allem die rhetorischen Ausfallschritte, die man zu hören bekommt.

Z. B. bei Freund Erwin, den ich neulich besucht habe. Achtung: Wir haben beide die zweite Impfung schon hinter uns. Auf meine Frage, ob er irgendetwas alkoholfreies zu trinken im Haus hätte, antwortete er mit dem Brustton der Überzeugung: *„Dou mou&d amol in der Wasserleidung nouchschauer."* Die beiden waren ganz gemütlich auf dem Sofa gesessen. Also sein Montepulciano und er. Seine Gattin, so eine Mischung aus Inge Meisel und fränkischer Angelina Jolie, möchte sich immer – mit nicht ganz sensibler Wortwahl – in den Reigen der fränkischen Fröhlichkeit einbringen. Mit Blick auf den italienischen Roten bemerkte sie „Wenn du zum Weine gehst, vergiss den Korkenzieher nicht." Natürlich will sie das latent verstanden wissen in Anlehnung an den alten Nietzsche Fritz, der bei Zarathustra ähnliche Lyrik abgesondert hat.

Sie hat dem Italiener an der Ecke ja auch mit fast schon arroganter Beiläufigkeit vorgeschlagen, er sollte sein Ristorante umbenennen in „Gasthaus zur fränkischen Nudelschmiede."

Natürlich weiß man um das immerwährende Mysterium von Männern und Frauen. Trifft auch auf mein fränkisches Musterehepaar zu. Folgende skurrile Situation hat sich erst neulich zugetragen: Sie parkt rückwärts aus und fährt gegen einen Gartenzaun. Dann steigt sie aus und schimpft, und zwar in gehöriger Lautstärke: *„Mei Moo is schuld, der hod mich völlig abglengd mit seim dauerndn Gerede."* Der herbeigeeilte Polzist fragt Erwin: *„Wos homs denn* *nou gsachd – zu ihrer Frau?"* Darauf Erwin: *„Ich hob gsachd, hinder dir is a Gaddnzaun."*

Erwin gilt in seiner Umgebung als humoristisches Talent, weil er Sachen raushaut, bei denen sich Abgründe auftun. Er nennt das seine verbal-rhetorischen Marginalien aus dem kulturellen Bodensatz. O-Ton Erwin: *„Der Ausdruck fir an moderner Debbn is Hipster. Hobbi neili an Hipster aufs Schienba ghaut, edz hopst er."* Jaaa, ich seh es ja ein, der intellektuelle Aufwand für diese Art von Humor ist nicht sehr groß. Da werden auch nur wenige Areale im Großhirn angesprochen.

Zu der Mords-Havarie neulich im Suez-Kanal hatte er auch ein wunderbares Pendant parat: *„Wenn des ba uns im Kanol in Nämberch bassierd wär, nou wärn 30 Reddungsschlebber georderd worn. 15 wärn ieberhabds blouß kummer, obber 50 wärn aus Korrubdsionsgründn bezohld worn. Und nach an anzichn Dooch häddns däi Bauschdell widder gschlossn, weil kanne Doileddn fir diverse Gschlechder dou gwesn wärn."* Bingo.

Auch seine besagte Frau, die holdselige Else unter den Frauen Nürnbergs, weiß unterhaltsame Beiträge zur Unterhaltung zu leisten: *„Wenn a Frau di Migrowelln fir drei Minudn eischald, nou sauchds in der Zeid di Kichn, räumd di Schbülmaschiner aus und delefonierd nu mid ihrer Freindi. Wenn a Moo di Migrowelln fir drei Minudn eischald, nou schaud der aa drei Minudn lang zou, wäi si der Deller drehd."*

Ich glaube, die Else hat recht.

LANGEWEILE IN CORONAZEITEN

Dieses Kapitel wird etwas anders ausfallen. Ich habe nämlich viele Bekannte, Verwandte, Nachbarn usw. gefragt, wenn ihnen langweilig ist, wie z. B. in dieser Zeit, in der man viel mehr zuhause ist, auf welche dummen Gedanken sie kommen.

Ich habe auch gefragt, welche Streiche ihnen für die Zukunft denn so einfallen, wenn man den Ideen freien Lauf lassen würde …

Die Antworten waren lustig. Ich hab sie teilweise aufgeschrieben, und dann immer wieder geschmunzelt, gegrinst, gelacht …

WENN MIR LANGWEILIG IST, DANN …

… erkläre ich den Menschen, dass ich im Moment genau das richtige Alter habe, ich weiß nur noch nicht, wofür.

… hefte ich Zettel an fremde Autos mit dem Text: „Tut mir leid für den Kratzer." Ich freu mich dann, wie die um ihr Auto rumrennen und nix finden.

… male ich meinen Nachbarn heimlich Herzchen mit Lippenstift auf die Windschutzscheibe. Huiii, da ist aber dann richtig was los.

… frage ich völlig unsympathische Menschen: „Und das ist wirklich der Spermafaden, der gewonnen hat?"

… bestelle ich in der Kneipe mit lauter deutlicher Ansage was extra veganes: ein kaltes Schaumsüppchen vom Hopfen und von der Gerste.
Also praktisch ein Bier.

… gehe ich zum Essen zum Chinesen und überklebe auf der Speisekarte das „N" der Nudelsuppe mit einem „P."

… gehe ich in eine Umkleidekabine im Kaufhaus und rufe ganz ganz laut: „Hallooo, Klopapier ist alle."

… stelle ich mich an meinen Gartenzaun und zeige mit dem Haarföhn auf vorbeifahrende Autos. – Lustig, wie die alle bremsen.

… beende ich alle Briefe, Mitteilungen usw. mit den Worten: „In Übereinstimmung mit der Prophezeiung."

… rufe ich irgendwelche Leute an und sage ihnen, dass ich momentan keine Zeit zum Reden habe, dann lege ich einfach auf.

… stell ich einen ganz kleinen Schreibtisch in den Fahrstuhl und frage alle, die hereinkommen, ob sie einen Termin haben.

… lege ich noch eine Schachtel in eine Ecke des Aufzuges und frage alle Leute, die hereinkommen, ob sie auch so ein komisches Ticken hören …

MÄNNER UND FRAUEN

Leute, ich bin mal wieder in mich gegangen. Ich habe mir Gedanken gemacht um das Thema „Unterschiede zwischen Männer und Frauen." Und ich habe rumgefragt in der Familie, im Freundeskreis, im Bekanntenkreis, in der Nachbarschaft usw. Gibt es eine Gebrauchsanweisung für glückliches Zusammenleben? Ja – gibt es.

SOLL EIN MANN EINE FRAU GLÜCKLICH MACHEN, MUSS ER NUR

- Liebhaber
- Freund
- Partner
- Lehrer
- Koch
- Mechaniker
- Monteur
- Architekt
- Stylist
- Elektriker
- Klempner
- Maler
- Gynäkologe
- Therapeut
- Psychologe

und Lebensberater sein.

GLEICHZEITIG MUSS ER UNBEDINGT

- sympathisch
- zuvorkommend
- durchtrainiert
- liebevoll
- aufmerksam
- gentlemanlike
- intelligent
- einfallsreich
- kreativ
- einfühlsam
- stark
- verständnisvoll
- tolerant
- bescheiden
- ehrgeizig
- entschieden
- vertrauensvoll
- respektvoll
- hingebungsvoll
- leidenschaftlich
- großzügig

und vor allem aber zahlungsfähig sein.

Er darf nicht eifersüchtig sein, muss ihr Raum lassen, dazu die Geburtstage, Namenstage, Hochzeitstage nicht vergessen, sofort sehen, wenn sie beim Friseur war und neue Klamotten anhat.

Im Gegensatz dazu braucht der Mann: Essen, Trinken, Sex. Fertig.

Viele Frauen sind mit diesen vielfältigen Bedürfnissen natürlich total überfordert. Was lernen wir daraus?

Harmonisches Zusammenleben ist ganz leicht, wenn Männer endlich begreifen, dass sie ihre hohen Ansprüche sinnvollerweise ein wenig zurückschrauben müssen. OK?

Die kleinen Problemchen gehen doch schon kurz VOR der Hochzeit los. Dazu hier ein nettes Beispiel:

Die Frau hat die Hochzeit geplant und berichtet ihrer besten Freundin mit folgenden Worten:

- der Geschenktisch ist aufgestellt,
- die Gästeliste ist komplett,
- der Friseurtermin ist vereinbart,
- das Hochzeitskleid ist vom Schneider abgeholt,
- Restaurant und Saal für die Feier sind reserviert,
- der Blumenschmuck ist arrangiert,
- das Hochzeitsmenue ist zusammengestellt,
- der Konditor weiß wegen Kuchen und Torten Bescheid,
- der Fotograf ist fest terminiert,
- die Kapelle ist engagiert,

jetzt muss er mich nur noch fragen und mir einen Antrag machen …

Aus dem Netz habe ich noch eine kleine Geschichte gefischt, die den Unterschied zwischen Männern und Frauen deutlich macht. Es geht um selektives Hören, ein Syndrom – bei Männern weit verbreitet.

Die Frau sagt wörtlich:

„Hör mal zu! Das hier ist ein einziges Durcheinander. Du und ich, wir machen jetzt mal gründlich sauber. Dein ganzes Zeug liegt auf dem Fußboden und wenn wir nicht bald waschen, läufst du demnächst ohne Klamotten herum. Du hilfst mir jetzt, und zwar sofort".

Der Mann versteht:

Blablablabla Hör mal zu

Blablablabla du und ich

Blablablabla auf dem Fußboden

Blablablabla ohne Klamotten

Blablablabla und zwar sofort!

Männer konzentrieren sich eben auf das Wesentliche! So ist das!

DIE ALTEN UND DIE JUNGEN

Früher gab es – generationenübergreifend – pädagogische Grundsätze, die waren in Stein gemeißelt. Kann man aber heutzutage ungeprüft und unkommentiert nicht mehr so stehen lassen.

„Bou, dengg dro", so hat es geheißen, *„wennsd ned schäi aufessn dousd, nou reengds morng."*
Ich glaube, ich muss mich heute noch für so manches Unwetter in den frühen 60er Jahren entschuldigen. Ich war damals wahrscheinlich der Auslöser für diese Wolkenbrüche. *„Doud mer heid nu leid, wärgli."*

Und weil wir gerade beim Thema „Essen", aber vor allem beim Thema „Aufessen" sind:
Wie schon erwähnt, haben meine Eltern mich stets gelehrt, grundsätzlich, immer und ohne Ausnahme nicht nur aufzuessen, sondern restlos aufzuessen.

Man kann sich meine verschmitzte Vorfreude kaum vorstellen, als wir bei einem der letzten gemeinsamen Urlaube ein Hotel mit Frühstücks- und Abendessen-Buffet gebucht hatten.
Ich weiß noch, als ich dramaturgisch die Stimme senkte und mit hochgezogenen Augenbrauen wie weiland Rudolf Schock, vor allem aber mit kritischem Blick auf das riesige Buffet erklärte:
„Also, Muddi und Vaddi, ihr wißd scho – schäi alles aufessn, und zwor bis nix mehr dou is, sunsd wird ned aafgschdandn vom Diesch. Verschdandn? Des hobb doch ihr mir suu glernd – odder?"

Nach viel Gelächter und einem *„Verdauungs-Schnäbsla"* ist es dann doch noch ein schöner Abend geworden. Vor allem wegen meines alten Herrn. Er war nicht nur humorvoll, sondern auch schlagfertig. Lief z. B. eine extrem schlanke Frau vorbei, meinte er: *„Schau amol den Hungerhakn oh. Bei der Auferschdehung des Fleisches mou däi lieng bleim. Und wenn edz däi nu an Himbeersirub dringkd, nou schauds aus wäi a Fiebbderdermomeder."*

Zum derzeitigen Thema *„Houmskuuling"* hätte er sicher eine seiner Lieblingsgeschichten beigetragen: Es geht um den Schulunterricht zuhause und es geht um „Heimatkunde." Der kleine Sohnemann fragt: *„Baba, wäi ald issn eichendlich di Nämbercher Burch?"* Der Vater: *„Bou, des wassi ned."* Der Sohn: *„Baba, wäiviel Einwohner hoddn Nämberch eichendlich?"* Der Vater zögert: *„Bou, des wassi aa ned."* Wieder der Sohn: *„Baba, wäi houch isn die Lorenzkirch?"* Der fast schon verzweifelte Vater: *„Bou, aa des wassi ned."* Dann fragt der Sohnemann fast schon entschuldigend: *„Baba, nerv ich dich vielleichd mid meiner Froucherei?"* Dann kommt die finale Antwort vom *„Baba": Na, Bou, frouch ner, dassd wos lernsd."*

Und eine weitere Geschichte hat er immer wieder gern erzählt, mein Vati. *„Bou"*, hat er immer erklärt, *„Frauen dominiern uns bis übern Doud hinaus. Des konnsd dir merkn."* Und mit folgender lustigen Geschichte hat er mir das auch bewiesen:

Ein Mann, nachdem er gestorben ist, steht vor der Himmelstüre. Da sieht er zwei große Schilder. Auf dem einen Schild steht:

„Hier alle Männer anstellen, die ihr Leben eigenverantwortlich, selbstbewußt und ohne sich bevormunden zu lassen, selbst in die Hand genommen haben."

Auf dem zweiten Schild steht:

„Hier alle Männer anstellen, die von ihren Frauen ein Leben lang bevormundet, unterdrückt, geärgert und damit blamiert worden sind."

Bei dem Schild der Unterdrückten sieht man eine ewig lange Schlange an Männern anstehen.

Bei dem Schild der Selbstbewußten steht nur einer.

Der wird vom Petrus gefragt: „Was willst du denn bei diesem Schild da?"

Darauf der Mann: *„Mei Frau hod gsachd, ich soll mi dou ooschdelln."*

DIE ALTEN

Noch nie habe ich einen Menschen kennengelernt, der so heftig mit dem Alter, besser gesagt mit seinem Alter kokettiert, wie Alois. Wie alt er genau ist, weiß keiner so recht. Aber er scheint uralt zu sein. Ich nenne ihn in Gedanken immer Opa, weil er mich auch so ein bisschen an meinen Opa erinnert. Dass sich die Abrissbirne der Zeit an ihm ganz schön abarbeitet, damit spielt er in Worten und Gedanken. Und zwar immer humorvoll. Eine seiner Lieblings-Weisheiten lautet: „Oben fit und unten dicht – mehr wünsch ich mir vom Alter nicht."

Den schleichenden Verlust von sowohl grob- als auch feinmotorischen Fähigkeiten kaschiert er mit stoischer Gelassenheit. Seine Glatze bezeichnet er als ausgefallene Frisur, oder er erklärt, dass sein Gesicht nach hinten ausläuft.

Ich habe im Lauf der Zeit viele Sprüche und Lebensweisheiten gesammelt, die er – immer mit einem verschmitzten Lächeln im Gesicht – von sich gegeben hat:

- *Alderseigensinn und jungseniler Aldersstarrsinn –*
  des konn ich goud, des liechd mir.
- *Wos langsam reifd, des alderd schbäd.*
- *Älder werdn is aldernadivlos.*
- *Der Wuddi Ällen hod gsachd:*
  Di Ewichkeid zäichd si – bsonders zum Schluss.
- *Und der Nobby Blüm hod gsachd: Ehred di Aldn, bevor sie erkaldn.*
- *Fräiher sin di Menschn schneller gealderd.*
  Däi hom domols aa mehr Zeid ghabd.
- *Außerdem nimmd im Lauf des Lebns des Alder schdändich zou.*
- *Ned vergessn: Des Leben ended ja meisdns midm Doud.*

Ja, der Alois. Zwei Aufkleber hat er demonstrativ auf der Heckscheibe seines uralten Autos angebracht:
Auf dem einen Aufkleber steht: „ABI 1946"

Und auf dem anderen:

„NICHT HUPEN! FAHRER TRÄUMT VON INGE MAISEL!"

Seine Wortwahl ist oft abenteuerlich. Er gehöre zur Arthrosefraktion, seine Blutgruppe sei „Asbach" und seine jährliche Darmspiegelung bezeichnet er als *„Rosettenkino."* Der graue Star wäre der einzige Prominente in seiner Familie und in seiner Jugend hätte das Wort des Jahres „Dampflok" geheißen. Damals hätte man zu Foodtrucks noch Imbißwagen gesagt und unter einer Festplatte hätte er damals ein WMF-Nirosta-Tablett mit Wurst- und Käseschnittchen verstanden. Apropos Essen: Gefastet wird jeden Tag – sagt er – und zwar immer zwischen den Mahlzeiten.

Sammeln gehört zu seinen Kernkompetenzen. Er sammelt unter anderem Pirelli-Kalender aus früheren Jahren, außerdem Plastktüten *(däi gibds ja nimmer lang)*, leere Alete-Gläschen, um Schrauben und Muttern ordentlich getrennt aufzuheben und Kugelschreiber mit leerer Mine. *(Kommer vielleichd numol brauchn).* Fragt man ihn nach seiner wichtigsten Sammlung, kommt die lapidare Antwort:

„Lebnserfohrung mousd sammln – des is des wichdigsde."

Er rühmt sich seiner Kenntnisse in Chemie und deren biologisch-organischer Prozesse: Bier, Sekt, Schnaps und Wein kann er problemlos in Urin umwandeln, und zwar mit einem einwandfreien CO_2-bilanztechnischen Fußabdruck. Nicht zu vergessen: Seine bevorzugte Position beim Senioren-Yoga heißt: „Sitzender Rentner." Außerdem möchte er endlich einmal ein Kreuzworträtselheft als Hörbuch herausbringen. Aha! Alles logisch – oder?

Alois wurde gefragt, worauf er eher verzichten könnte – auf den Wein oder auf die Frauen. Seine Antwort zeichnet ihn einfach als Connaisseur aus: *„Des kummd ganz aufm Jahrgang oh."*

DIE JUNGEN

Wenn man so alt ist wie ich, also praktisch nicht mehr so oft in der partner-schaftlichen Lostrommel wie früher, und man interessiert sich trotzdem für die Jungen, für ihre Lebensart, für ihre inneren Einstellungen und vor allem für ihre Sprachgebräuche, dann, ja dann kann man so manche Überraschung erleben.

Das fängt schon beim Kennenlernen an. Angeblich (!) soll es ja mal eine Kontaktanzeige in der Zeitschrift „Land und Leute" gegeben haben, die ge-lautet hat: „Suche Frau mit Traktor. Bitte Bild vom Traktor beilegen." Heute lernt man sich oft über „Blinddates" kennen. Vorher chattet man gefälligst. Hier ein Beispiel.

Sie: „Wie erkenne ich dich eigentlich?" Er: „Ich bin einen Meter neunzig groß und wiege 80 kg. "

„Und wie kann ich dich erkennen?" Sie: „Ich habe ein Metermaß und eine Personenwaage dabei!"

Neulich hab ich zu diesem Thema folgenden Ratschlag selbst mitgehört: „Wenn du ein erstes Date hast, immer einen Ort vorschlagen, der ganz in der Nähe deiner Wohnung liegt. Wenn es perfekt läuft, ist der Heimweg zu deiner Wohnung nicht zu lange. Wenn es schief geht, ist der Heimweg zu deiner Wohnung nicht zu lange."

Zum Thema „erfolgreiches Date": Die Frage am nächsten Morgen beim Frühstück lautet: „Wie möchtest du dein Ei?" Antwort: „Unbefruchtet."

Auch die Unterhaltungen über sportliche Aktivitäten klingen bei den Jun-gen abenteuerlich. „Wenn ich vier gesunde Reifen habe, warum soll ich dann zu Fuß gehen?" Oder „Wenn ich beim Yoga die Kerze nicht hinbekomme, dann mach ich einfach ein Teelicht." Oder „Wenn mir bei der Yoga-Kerze einer auskommt, sag ich einfach das wäre eine Duftkerze." Oder „Wenn ich bewegungslos auf dem Fahrrad-Hometrainer sitze und gefragt werde, warum ich nicht trete, sag ich einfach, es geht gerade einen Berg hinunter." Originell – oder?

Und hier das mehr geflüsterte Bekenntnis einer nicht ganz schlanken jungen Frau ihrer Freundin gegenüber: „Ich hab heute Mittag was für Bauch, Beine und Po gemacht. Ich hab ein riesiges Schäuferle mit Kloß und Soß und Salat verdrückt." Bingo!

Was die sonstigen Sprachgebräuche dieser Generation betrifft, erlebt man hier einen Fundus an Humor, Originalität und Sprachfantasie! Der Weg zur Corona-Impfung wird als Spritztour bezeichnet. Der Begriff „Schneemann" wird als gendermäßig inkorrekt erklärt. Das heißt jetzt „Aus Eiskristallen nachgebildete geschlechtsneutrale Person." Für junge Männer heißt die Kneipe „INSTITUT ZUR BEKÄMPFUNG AKTUELLER UNTERHOPFUNG", die Toilette in der Kneipe heißt „Pisseria." Rentner sind „Doc-Hopper." Mit „Datenzäpfchen" meint man einen USB-Stick. Alleinlebende Personen werden „Singles mit Frustrationshintergrund" genannt. Verspätet man sich, „hat man sich vom Zwang zeitlicher Absprachen befreit." Wasser nennt man heute „Leber-Überraschungstrunk" und Prostituierte nennt man heute „Vaginalfachverkäuferin."

Und Selfies werden heute gemacht. Gruppen-Selfies sogar. In meiner Jugend, in der es weder Smartphones noch Teleskop-Sticks gab, musste immer der hässlichste in der Gruppe das Foto machen. War klar.
Es wird zwar bestritten, dass die Sache mit den Smartphones übertrieben wird, aber ich hab selbst erlebt, dass mein Nachbarssohn mit dem Handy in der Hand am offenen Fenster steht und googelt, wie draußen gerade das Wetter ist … „Boah äi"

SOLLTEN WIR DAS GENDERN ÄNDERN? 1

Sowohl Dr. Norbert Autenrieth als auch Erich Hübel, die beiden von mir so sehr geschätzten schreibenden Menschen, haben sich Ende Januar im Rahmen der Wochenend-Zettel u. a. um das Gender-Thema gekümmert. *„Suu is rechd."* Das ist eines meiner Lieblingsthemen, denn ausgelöst wird mein Kopfschütteln durch diese derzeit fast schon perverse Gender-Diskussion, unseren Sprachgebrauch betreffend. Da existieren mittlerweile rhetorische Vergewaltigungen.

Zugegeben – langsam aber sicher leide ich unter Feminismus-Intoleranz. Kein Wunder.

Es gibt – jetzt ernsthaft – Vereinigungen, die sich lächerlicherweise mit den früheren Suffragetten vergleichen wollen. Diese Vereinigungen heute stellen ernstlich absonderliche Überlegungen an:

Das uralte Kinderlied „Ein Männlein steht im Walde…" soll auch die Weiblein berücksichtigen. Mein Gott – wie denn?

Das geht noch weiter: „Alle Vögel (der Vogel) sind schon da…." Sind die Vögelinnen auch schon da? Der „Liebe Herr Gesangsverein" soll auch die feminine Seite beleuchten (Meine liebe Frau Gesangsverein?). Warum regen sich diese Damen nicht darüber auf, dass es „Muttersprache" heißt und dabei die Väter nicht mal erwähnt werden?

Ja, es gibt Menschen, dann muss es auch Menschinnen geben – oder? Und wie ist das mit folgenden Bezeichnungen: Heißen jetzt weibliche Polizisten Polizanten? Oder Bulletten? Und weibliche Physiker Physikanten? Müssen wir in Zukunft vom Bürger- und Bürgerinnensteig sprechen? Muss man Männer zukünftig als „Prostatiker" bezeichnen? Gibt es bald einen Hebammerich? Was passiert, wenn man einer Frau die Beifahrerinnentür aufhält, und sie sich nach dem Einsteigen in die Rückspiegelin schaut? Werden Kinder von anderen Kindern nicht nur gehänselt, sondern auch gleichzeitig gegretelt?

Ich möchte mal mit einer Vertreterin dieses Schwachsinnes zum Essen gehen und sie dann fragen: „Können Sie mir bitte mal die Salzstreuerin rüberlangen?" Danach würde ich sie fragen, warum selbst Sportmoderatorinnen folgenden Begriff verwenden: „Frauenfußballmannschaft."

Bei meinem nächsten fränkischen Kabarett-Auftritt werde ich folgende Begrüßung wählen: Liebe Anwesende und Anwesendinnen!

Auch bei diesem Thema sind – wie so oft – Übertreibungen besonders lustig. Hier ein paar Vorschläge, wie wir in Zukunft sprachlich miteinander umgehen könnten, wenn dieser Unsinn sich tatsächlich etablieren sollte:

Auf einem Schild vor dem Vereinsheim steht: „Liebe Mitglieder und Mitgliederinnen, dies ist ein Spielplatz für Kinder und Kinderinnen bis 12 Jahren."

Sollten bei einem Tanzkurs mehr Damen als Herren angemeldet sein, heißt das in Zukunft nicht mehr Frauenüberschuss sondern Männerunterschuss.

Auch die Polizei-Pressestelle hat sich einen Shitstorm eingefangen, weil sie gemeldet hat, dass ein „herrenloses Damenfahrrad" gefunden wurde. Ich krieg jetzt gleich Gender-Tourette.

Zum guten Schluss: Ja, Sprache lebt und wandelt sich. Warum aber sollen Minderheiten, die es ja nicht mal besonders gut oder positiv meinen, soviel Einfluss auf unsere traditionellen Sprachgebräuche haben? Wollen wir das wirklich? Soll eine kleine ideologisch geprägte Minderheit wirklich so viel Macht über eine ablehnende Mehrheit haben? Ich glaube nicht. Fazit: Auch hier soll jeder nach seiner eigenen Facon glücklich werden und die anderen aber auch akzeptieren.

SOLLTEN WIR DAS GENDERN ÄNDERN? 2

Das Echo auf meine Einlassungen zum Thema „Genderwahn" letzte Woche war doch hier und da ein plurales Echo – von uneingeschränkter Zustimmung (*„allmächd, endlich sachd anner amol, wos fir Schmarrn des is"*) bis zum Kopfschütteln über so viel Impertinenz meinerseits. Freut mich, weil ich ja darauf reagieren kann. Ja, zugegeben, ich bewundere Menschen wie Manfred Schreiner, der sich des Themas seriös, fundiert und auch nachvollziehbar genähert hat.

So kann und will ich das nicht. Wenn aber meine Zeilen, die natürlich wie immer ironisch und auch ein bisschen sarkastisch gemeint sind, Grund zur fast schon zementierten ideologischen Rechthabermentalität anderer Menschen führen, darf meine Replik darauf nicht fehlen.

Also – ich bestehe darauf – wenn schon gendern, dann aber auch richtig – gell. Es sollte in Zukunft gefälligst eine Playboyerin, eine Eunuchin und einen Herrn Holle geben. Im Flugverkehr werden Passagiere und Passagierinnen zu Passagierenden vereint, und Meister und Meisterin zu Meisternden, außerdem werden Feuerwehrler und Feuerwehrlerinnen zu Feuerwehrenden – OK?

Avantgardisten werden zu Avantgardinen, zudem soll es in Zukunft Tenörinnen, Baritonösen und Bassanten geben. Wasserhahn und Zapfhahn dürfen auch Wasserhenne und Zapfhenne genannt werden. (Für den Begriff „Zapfhenne" krieg ich übrigens Geld vom Brauereiverband).

Sollte ich von der Über-ober-intellektuellen Genderfront nach Unisex-Toiletten gefragt werden – hab ich schon immer bei mir zuhause. Zudem bin ich für reine Männer-Friedhöfe, denn es geht ja hier schließlich um „Ewige Ruhe." Und ich hab gelernt, dass das Wort „Lebensgefährtin" von dem Wort „Lebensgefahr" kommt.
Darf ich das alles einfach mal ironiefrei so stehenlassen? Schön.

Mein Kumpel beklagt sich lauthals: „Ich wurde gendergerecht umerzogen. Schlimm. Jetzt kann ich weder kochen, noch rückwärts einparken." Der arme Kerl.

Alles lustig. Aber der Hammer, weil ernst gemeint, kommt aus Berlin. In der StVO, also der Straßenverkehrsordnung, gibt es das Schild 142 „Wildwechsel" mit einem springenden Hirsch darauf. Die Genderbeauftragte der Verkehrsverwaltung wollte das Geweih kappen mit der Begründung, dass auch Hirschkühe Rücksicht verdienten. Welche Medikamente nimmt denn diese Frau?

Übrigens stimmt es tatsächlich, dass eine Stadtverwaltung ihren gesamten Schriftverkehr, alle Formulare, Mails, Drucksachen, Broschüren, Pressemitteilungen, Briefe, usw. gendergerecht für viel Geld umgestaltet. An den alten Fassungen haben sich nämlich drei Personen gestört. Kein Spass!

Nur der Vollständigkeit halber: Ich bin von einer Fremd-Lesenden meiner schriftlichen Einlassungen auch ausdrücklich gefragt worden, was ich denn überhaupt für ein Mensch sei.
Hier bitteschön meine kurze Vorstellung:

Ich bin ein absolutes Biokind von glücklichen freilaufenden Eltern, sozusagen aus Hodenhaltung. Ich gelte als Bewegungslegastheniker und bin Mitglied der „Anonymen Sportallergiker" mit dem Motto: „Früher, vor Corona, war alles leichter – ich zum Beispiel." Nachdem ich gerade in der Alterspubertät bin, betreibe ich auch gesundheitliche Vorsorge: Ich gehe regelmäßig zur Erektionsfrüherkennung. Was meine Rhetorik angeht, nennt man mich den Che Guevara von Nürnberg-Katzwang. Meine erotisch-bewegungsorientierte Freizeitgestaltung im häuslichen Bereich weist eine ordentliche CO_2-Bilanz auf.
Alles in allem: Ich bin durchaus ein ganz normaler Mensch, gefangen im Körper eines heterosexuellen fränkischen männlichen Durchschnittstypen. Und ich gendere nicht!

… UND DANN NOCH DIE MEDIZINISCHEN ASPEKTE …

Für die Teilnahme an der Fernsehproduktion „Humorspektakel Franken" brauchte ich diese Woche einen aktuellen Corona-Test. Also – brav beim „*Doggder*" angemeldet und im Wartezimmer gesessen und gewartet. Bis hierhin stimmt alles wahrheitsgemäß. Wirklich. Aber nur bis hierhin.

Dann aber werden Erinnerungen wach – an frühere Arztbesuche, Zahnarztbesuche, Klinikaufenthalte, Wartezimmerverweildauern, einschließlich abenteuerlicher Unterhaltungen, die man in all den Einrichtungen so mitbekommt. Und es fallen einem lustige Geschichten ein, die so oder genauso niemals stimmen können, aber einfach zum Lachen oder Schmunzeln anregen.

An der Rezeption:	Die Sprechstundenhilfe fragt die Patientin: Vorname?
Patientin:	*Hilllldegard!*
Sprechstundenhilfe:	Zuname?
Patientin:	*fümbfeinhalb Kilo!*

Auch in Arztpraxen wird ja Datenschutz ganz groß geschrieben. Es dürfen keine persönlichen Daten verlautbaren. In vielen Wartezimmern sind zwar Lautsprecher installiert, Namensnennungen aber verboten. Und dann die für alle überdeutlich hörbare Durchsage: „Der Patient mit den Erektionsstörungen bitte in Behandlungsraum 2." Volltreffer!

Spontanes Zwiegespräch zweier etwas betagterer Patienten: *„Allmächd, wenni des hör, dou fälld mer ei – ich gräich jedn Dooch zwischer 40 und 50 Werbemäils. Fuchzg Brozend werbm für Drebbn-Lifde und di andern fuchzg für Bodenzmiddl."*

Der andere „*Baziend*" erzählt, dass ihm der Doktor mehr Bewegung verordnet hat, Joggen z. B. Bemerkung seines Gegenüber: *„Joggnde Rendner – des is ja wäi Sterbm mid Anlauf."* Sofort mischt sich der dritte ein: *„Mir hodd* *der Doggder mehr Bewechung an der frischn Lufd embfohln. Waß denn der ned, dass ich Briefdrächer bin?"*

Dann der extrem gewandete Patient in der Ecke. Der Bund seiner schulterfreien Abendhose reicht bis unter die Achseln. Wichtigtuerisch erklärt er: *„Mir hod der Doggder a Pizza verschriebn."* Frage seines Gegenüber: *„Wooos, welcher Doggder machd den suwos?"* Die Antwort: *„Der Dr. Oetker!"*

Und hier eine kleine Kollektion von Sprüchen, die in Wartezimmern tatsächlich – oder angeblich – so gefallen sein sollen:

- *„Am Wochnend is Zeidumschdellung. Dou derf mer a Schdund wenicher nirchndwou hi."*
- *„Däi solln den Imbfschdoff ins Bier kibbm und di Wärdschafdn aafmachn. Innerhalb vo anner Wochn wär di kombledde Rebubligg g'imbfd – odder?"*
- *„Ba uns hods heid Middoch a Rinderzunge gebm. Däi wolld mei Bou ned essn, weil däi ausm Maul von an Dier kummd. Ich hob nern dann a boor Eier braadn."*
- *„Ich hob ghörd, Brosdiduierde freun sich nach der langen Coronabause auf Wiedereingliederung"*

Wussten Sie, liebe Leserinnen und Leser, dass es eine Geheimsprache der Ärzte gibt? Hier für Sie nur ein paar wenige aber exemplarische Beispiele von Mediziner-Insider-Rhetorik: Ist ein Patient „extern pigmentiert", (pigmentiert übersetzt man ja auch mit >fleckig<), dann ist er einfach dreckig und bräuchte etwas mehr Körperpflege. Wird eine „exspectative Therapie" vorgeschlagen, heißt es „erst mal abwarten, das vergeht von selbst." Wird einem Patienten „Foetor ex ore" bescheinigt, riecht der einfach aus dem Mund. Letztes, aber schönstes Beispiel. Diagnostiziert der Arzt „Cerebralaplasie", weiß man: *„Der Kerl hod nix im Hirn, su schauds aus."*

ENDLICH WIEDER MAL STAMMTISCH 1

Die Kneipen haben wieder offen. Naja, da kann ich nicht umhin, die lustigsten Zitate, Zwiegespräche und Statements, die ich gesammelt habe, unter die Leute zu bringen.

Aber natürlich ergeben sich in der Kneipe nicht nur humorvolle Betrachtungen, auch Grundsatzüberlegungen in vollkommen perspektivischer Form werden sprachlich zementiert, identitätsstiftende metaphysische Bedeutungen werden herausgearbeitet, und man schwimmt wieder fast in der Ursuppe allen Denkens, und zwar oben – *gell*.

Es entstehen existenzsichernde und richtungsweisende Fragen, z. B. ob denn der alte Holzmichel noch lebt, gleichzeitig ergeben sich am Stammtisch natürlich auch völlig triviale Fragen, z. B. ob das Universum demnächst implodiert oder explodiert. Es wurde auch schon gefragt, wie sich denn der Bewegungsablauf bei einem vierfach eingestolperten Flachland-Pelikan darstellt. *„Allmächd!"*

Also, aufgemerkt: Im *„Wärdshäusla"* gibt es zwar auch das „in-die-Gegend-starren" bei gleichzeitig wachkomaähnlichem Zustand, es werden aber auch Erfahrungen manifestiert, die für die Ewigkeit in Stein gemeißelt gehören. Z. B. *„Mer mou di Baaner iebernander schloong und gleichzeidich di Arm verschränggn. Nur su konn mer sich in des Wesn vo anner Brezn versetzn."* Logisch – oder?

Natürlich gibt es auch sehr schöne Zwiegespräche.

Gast A	*Ich glaab, mei Schwesder hod si in Hamburch an Bauernhuf kaffd.*
Gast B	*Wäi kummsdn edz dou draf?*
Gast A	*Däi hod mer a Bosdkardn gschriem, sie ackerd edz af der Reeperbahn.*

Im Radio wird gerade gemeldet, dass es im Atlantik ein Schiffsunglück gegeben habe.

Gast A   *Bassierd des eigendlich ofd, dass su a Schiff undergäihd?*

Gast B   *Naa, immer blouß aa mol.*

Beim Thema „Der ruhmreiche (???) Club" eskaliert der Tonfall. Die Kommentare überschlagen sich. Es wird laut. Einer der Stammtischler, der Schorsch, erklärt: „*Di Hälfd vo eich dou am Diesch sin suwäisu lauder Debbn.*" Lautstarker Widerspruch aus allen Fraktionen. Es wird kollektiv eine Entschuldigung eingefordert. Darauf der Schorsch: „*Alsu guud, die Hälfd vo eich dou am Diesch sin kanne Debbn!*" Rrrrrumms! Voll auf die Zwölf! Geht's noch effektiver?

In Corona-Zeiten – so stand es in der Zeitung – sind die Gäste eher bereit, ein ordentliches Trinkgeld zu geben. Natürlich wird auch übertrieben. Wie in diesem Beispiel:

Der Barkeeper sagt zu seinem Chef: „*Allmächd, Scheff, hom sie des edz gsehng? Den aaner Gasd grod? Kummd rei, bschdelld an Konjagg, dringd den Konjagg aus, schmeißt zwanzg Euro Dringgeld affm Dreesn und gäihd, ohne zu zahln!*"

Man soll nicht nur Gästen, sondern auch dem Personal zuhören. Ich war in einer Kneipe in Wetzendorf. Baustil: Spätes Resopal. Die Bedienung mit silikonkompatibler Oberweite fragt:

„Bei Betrugsfällen werden doch Hilfsgelder für Selbständige gestoppt. Werden eigentlich auch Politikerdiäten bei Korruptionsfällen gestoppt?" Kluge Frage!

Zum Schluss bitte mal drüber nachdenken:

Im Zeitalter der Mund-Nasen-Masken bekommt doch der Begriff „Einen hinter die Binde gießen" eine völlig neue Bedeutung – oder?

ENDLICH WIEDER MAL STAMMTISCH 2

Kennen Sie das? Man sitzt in froher lustiger Runde am Stammtisch. Dann geht die Türe auf und herein kommt einer dieser Typen, den man zwar kennt, aber über dessen Anwesenheit sich niemand freut, weil er absolut destruktive Schwingungen verursacht. Weil er ein Depp ist. Er weiß alles besser, ob in Fragen der Politik, der Wirtschaft, der Kultur, des Sports sowieso.

Und er mischt sich ungefragt in jedes, wirklich jedes Gespräch ein, und zwar unqualifiziert und unangenehm und auch laut. Ein paar dieser Heinis kenne ich auch. Leider. Da kochen Erinnerungen hoch an Zeiten, in denen man sich in der Kneipe auf einen lustigen, angenehmen Abend gefreut hatte.

Und da stand er nun an unserem Tisch mit seinem IQ knapp unter der Raumtemperatur. Schon der erste Satz dieser restembryonalen Erscheinung verursachte bei mir plötzlichen Speichelfluss und latente Gänsehaut im Rhetorikzentrum: *„Gell, ba eich is doch nu a Plätzla frei!"*, und zack, schon saß er da. Sämtliche Sympathie-Wallungen kamen akut zum Erliegen.

Dann folgte von ihm als erstes ein uralter Witz. Und der war auch noch miserabel schlecht erzählt.
Ich hab mir für solche Typen vorsorglich schon mal ein paar sprachliche Feinheiten zugelegt. Abgeleitet von dem lateinischen Spruch „veni, vidi vici" sagte ich nur: „Veni, vidi, Violini." – „Er kam, sah und vergeigte." Hat ihn nicht gestört. Oder er hats nicht verstanden.

Selbst in Kreisen von diplomierten Trinkern gilt er nicht als die hellste Kerze auf der Torte. Homeoffice heißt für ihn, aus dem Getränkemarkt Arbeit mit nach Hause zu nehmen. Weiterbildung hat er – ja – und zwar in Bierologie und Hektoliteratur. Seine kommunikative Dysfunktion stellt er unter Beweis mit Sprüchen wie *„Mei aaner Nachber is Veganer. Dou derfür schbrichd er obber ganz goud deutsch."*

Jetzt aber zurück zur Stammtischsituation an diesem Abend.

Mit jedem *„Schnäbsla"* wurde er besserwisserischer, lauter, rechthaberischer und lästiger. Für ihn gilt jedenfalls die in seinem Umfeld gefestigte Meinung: „Er geht leichtfertig in die Kneipe und kommt leicht fertig wieder raus." Dann, nach gut einer Stunde, hat er gezahlt und ist verschwunden. Allgemeines Aufatmen. Was danach kam, war nicht aufzuhalten. Ich habe die Kommentare meiner Stammtischler notiert, weil man sich so viel Kreativität im Ausdruck ad hoc gar nicht merken kann. Los geht's.

- Der hat nach der Schule bestimmt ein freiwilliges asoziales Jahr absolviert.
- Dieser verklemmte Bildungsphobiker war bestimmt beim Testen. Ergebnis: IQ-negativ.
- Sein musikalischer Geschmack ist doch von der Volkshelene zugefischert worden.
- Im Blasorchester hat er wahrscheinlich die Thrombose gespielt.
- 22 kann er nicht schreiben, weil er nicht weiß, welche 2 zuerst kommt.
- … ist auf unwiderrufliche Art dem Stumpfsinn zum Opfer gefallen.
- … ist nicht einmal die Stradivari unter den Arschgeigen.
- Aus den Brettern, die der vor dem Kopf hat, kann er schon ein ordentliches Holzhaus bauen.
- Er macht anfangs einen sehr schlechten Eindruck, verliert aber dann bei näherer Bekanntschaft unheimlich.

Es werden also mehr oder weniger brillante und sinnstiftende Wortspiele installiert, um die eigene Stimmung wieder ins Gleichgewicht zu bringen. Besser, als den Rest des Abends gebremst zu feiern. Gut so. Deppen dürfen keine Macht über die eigene gute Laune gewinnen – gell!

FRAGEN ÜBER FRAGEN

Bitte glauben sie mir, es ist wirklich interessant, sich mit den Feinheiten der deutschen Sprache zu befassen. Vor allem im täglichen Leben, bei jeder Unterhaltung, die man selbst führt oder belauscht, oder bei jedem TV-Interview, das man verfolgt usw.

Da werden oft kurze präzise Fragen gestellt, und dann folgen Antworten in epischer Breite, und man wünscht sich, es ginge etwas weniger pathetisch zu. Dann fragt man sich nachträglich trotzdem: Ist das zum Kotzen langweilig und lästig – oder hat man an verschiedenen sprachlichen Spitzfindigkeiten sogar ein bisschen Spaß, weil es sogar etwas sarkastisch und geistreich ist?

Hier ein Beispiel aus meiner eigenen Erinnerung:
Vor einem meiner Kabarett-Auftritte vor langer Zeit fragte mich ein Gast mit etwas Überheblichkeit in der Stimme: *„Soongs amol, wos machn sie eichendlich asuu af der Bühne?"* Es hätte ein einziges Wort genügt: „Blödsinn." Ich hab aber dann viel Luft geholt und geantwortet: *„Ich mach fränggisch brogressives Iwend-Enderdäinmend im Bremium-Bereich, und des als Berufsjugndlicher im Ruheschdand und dass ich heid dou bin, des freit mi für sie."*

Ja, genau darum geht es, nämlich mit rhetorischen Spitzfindigkeiten die Mitmenschen zu überraschen. Der kreative Kanal öffnet sich nach oben und das Mundwerk läuft ungeplant auf Autopilot. Und dann beginnt man, solcherlei Geschichten zu sammeln, weil's Spaß macht.
Hier einige Beispiele.

Frage: *Ist der Schorsch vielleichd aweng bläid?*
Antwort: Eigentlich ist er ein multilingualer Analphabet. Er kann gleichzeitig in mehreren Sprachen nicht lesen und schreiben.

Frage: *Konn des sei, dass des dou herin aweng schdingd?*

Antwort: Ich registriere in der olfaktorischen Gesamtsituation durchaus eine gewisse Komponente.

Frage: *Hören sie mir überhaupt richtig zu?*
Antwort: Oh, ich war einen Moment lang einer unverzeihlichen Unachtsamkeit anheim gefallen und hab mir ad hoc eine üble Konzentrationsschwäche zugezogen, die in eine überlappende Melancholie überging.

Frage der kleinen Tochter:
Babba, gibt's edz eichendlich a Leben aufm Mond?
Antwort des „Babba": *Also, su ganz genau waß des niemand, weil gsehng hods nu kanner, möglich wärs obber scho, weil zumindest brennd dou obnds meisdns is Lichd.*

Wenn wir schon beim großen Thema „Fragen" sind, hier noch ein paar besondere Exemplare, die in meiner Sammlung einen besonderen Platz eingenommen haben:

- Wird man zum Klugscheißer,
  wenn man vorher die Weisheit mit dem Löffel gefressen hat?
- Wer hat das tote Meer ermordet?
- Was haben Schmetterlinge im Bauch, wenn sie verliebt sind?
- Warum enthält das Wort „Lispeln" ein „s"?
- Was passiert, wenn man sich das zweite mal halbtot gelacht hat?
- Geht der Meeresspiegel kaputt, wenn man in See sticht?
- Warum passiert immer exakt genau so viel, wie in die Zeitung passt?
- Wenn eine Frau mit ihrem Ex ins Bett geht,
  reitet sie dann auf der Vergangenheit rum?
- Wenn die Stiftung Warentest Vibratoren testet,
  ist dann „befriedigend" besser als „sehr gut"?

GESAMMELTE LEBENSWEISHEITEN UND GEMACHTE ERFAHRUNGEN

Dieses Kapitel war als Versuch gedacht. Und der Versuch ging gut aus. Ich habe in meinem Bekanntenkreis per mail rumgefragt, was denn in dieser Pandemiezeit jeder denn so an Lebensweisheiten und Erfahrungen parat hat und für wichtig genug hält, weiterzugeben.

Hier eine interessante Auswahl:

DIE FRAU VON HEUTE:

Macht zwei Stunden lang 100 Fotos von sich, löscht 80 davon wieder, bearbeitet 20 mit Fotoshop, postet nach langer Überlegung ein einziges Foto. Textnachricht dazu: „Ich, mal ganz spontan"

IM STRASSENVERKEHR

Ich fahre so langsam, ich werde nicht geblitzt, ich werde gemalt.

FRAUENPOWER

In der gehobenen Augenbraue einer Frau liegt mehr Macht,
als in der geballten Faust eines Mannes.

NOTRUF

Ich habe gerade eine blonde attraktive langbeinige hübsche 19-jährige Schwedin als Babysitterin eingestellt. Kann mir jemand sagen, wo ich auf die Schnelle ein Baby herbekomme?

ERKÄLTUNG

O-Ton meiner Frau: Ich fahr jetzt in die Stadt und kauf mir was gegen Hals- und Kopfschmerzen. Schuhe oder so.

FITNESS

Am besten gefällt mir dann der Moment, wo ich keinen Parkplatz vor dem Fitnessstudio bekomme und mir nix anderes übrig bleibt, als in die Kneipe zu fahren.

LEBENSERFAHRUNG

Sechs Jahre lang hab ich keinen Alkohol getrunken, keine Zigarette geraucht und keinen Sex gehabt. Dann bin ich eingeschult worden.

BESTE BEGRÜNDUNG FÜR NIXTUN

Meine Motivation und ich haben uns auf eine Beziehungspause geeinigt. Wir gehen im Moment ganz konsequent getrennte Wege.

ERKLÄRUNGSNOT

Wie soll ich das meinem italienischen, gerade deutsch lernenden Nachbarn erklären:

Tagsüber heißt es: Der Weizen und das Korn. Nachts heißt es: Das Weizen und der Korn.

LOGIK

Manche Menschen stellen leere Flaschen in den Kühlschrank. Für den Fall, dass sie mal keinen Durst haben.

Zum Schluss noch einen richtungsweisenden Ratschlag, der vielen Existenzen schon eine wichtige Wendung im Leben gegeben hat:

Fettflecken bleiben wie neu, wenn man sie täglich mit Butter bestreicht. (Philosophischer Kommentar eines Philosophen zu dieser philosophischen Erkenntnis: „mpf")

INTERESSANTE ZWIEGESPRÄCHE IN CORONAZEITEN

Nach der Quarantäne unterhalten sich zwei Nürnbergerinnen:

A: *Wou isn eichendlich dei Moo?*

B: *Der is draußn im Gaddn.*

A: *Ich hob nern obber gor ned gsehng.*

B: *Ja, dou moußd scho aweng grobn.*

Unterhaltung zweier Freunde am Telefon nach wochenlanger Stammtisch-abstinenz:

A: *Hosd du des gwißd, dass es af di Kanarischn Insln kann*
           anzichn Kanarienvugl gibd?

B: *Jaa, und des selbe gild fir di Jungfrauen-Insln.*
           Auch ka anzicher Kanarienvugl

„*Woddsäbb*"-Wechsel zwischen zwei fränkischen Stammtischkumpels:

Kumpel A: *Wenn der Scheiß vurbei is, dreffm mer uns af 1–2 Bierla – gell.*

Kumpel B: *12 schreibd mer ohne Bindeschdrich – verschdandn?*

Extreme Corona-Auswirkungen nach der dritten Woche:
Ein Nürnberger Polizist kommt mit angeschossenem Penis zum Arzt.

Der Arzt: *Allmächd, wos is denn dou bassierd?*

Der Patient: *Ich hob nern drei mol aufgforderd, er soll schdäih bleim ...*

Nach tagelanger Einkaufs-Abstinenz treffen sich zwei Nachbarinnen beim „*Schobbing.*"

Nachbarin A: *Allmächd, du schausd ja fürchderlich aus.*

Nachbarin B: *Ja, ich bin gscheid erkälded.*

Nachbarin A: *Wos – des aa nu?*

In Corona-Zeiten telefonieren zwei Stammtischkumpels.

Kumpel A: *Wenn der Mist mid dem Korona vurbei is, nou dringk mer endlich widder a Bierla midernander.*

Kumpel B: *Dringk mer hald zwaa, nou hod jeder ans.*

Diskussion in lebensgefährlichen Zeiten:

Kumpel A: *Wäi mechersd denn du amol schderm?*

Kumpel B: *Wäi mei Opa in aller Rouh eischlofm und ruhich schderm, ned su schreiend wäi seine Beifohrer am Rüggsidz.*

Verkehrspolitische Debatte am Stammtisch:

Kumpel A: *Sooch amol bisd du eichendlich aa gecher Rasn aff der Audobahn?*

Kumpel B *Freili, wer soll denn des ganze Gras mäher?*

DIE SPRACHE ÄNDERT SICH – UND WIRD MANCHMAL LUSTIG 1

Die Sprache, vor allem die Umgangssprache, ändert sich. Das darf sie auch. Natürlich. Aber nicht auf Verfügung des Gesetzgebers oder ein paar siebengescheiter Politiker, auch nicht auf Drängen irgendwelcher selbsternannter Sprachverhunzer oder Besserwisser, auch nicht auf Anordnung von irgendwelchen Deppen, die mit moralisch-sprachlichen Scheuklappen bei „Germanys Next Idioten-Model" auftreten könnten und auf der nach oben offenen Verblödungsskala schon sehr weit oben anzusiedeln sind.

Ja, Sprache verändert sich durch Einflüsse, die von einzelnen, wenn auch dummen Menschen, garnicht gesteuert werden können, sondern durch Einflüsse von Anglizismen – das ist nicht mehr zu verhindern. Auch das Wirtschaftsleben macht sich bemerkbar, die Kultur, die sozialen Medien erst recht und – das wird oft unterschätzt – unsere Jungen.

Haben Sie Kinder, liebe Leserinnen und Leser? Oder gar Enkelkinder? Und – hören Sie denen zu? Ich meine so richtig genau sensibel und mit kritischwachem Geist? Und haben Sie auch noch genügend Humor, um die manchmal lustigen, putzigen, oft klug-sarkastischen Untertöne herauszuhören? Ja? Macht doch riesigen Spaß, wenn man über manchen Gesprächsverlauf oder über manche Äußerung nachdenkt – oder?

Ausgerechnet diese Woche war in der Tageszeitung vermerkt, dass die Bahn den Begriff „Schwarzfahren" aus Diversitätsgründen nicht mehr verwenden will. Ein Begriff, der schon immer in unserem Sprachgebrauch verankert war, und bei dem man sich nur dann etwas böses denken kann, wenn man überhaupt böse Gedanken in sich trägt. Darf man eigentlich fragen, was die bei der Bahn denn so rauchen, ohne dass man sich damit gleich strafbar macht?

Aber dann kam, was kommen musste: Ich habe im Kreis der Familie angedeutet, im Herbst vielleicht ein paar Tage erholungsmäßig im Schwarzwald zu verbringen. Sofort folgte, mit einem imaginär erhobenen Zeigefinger versehen, die Aufklärung von einem meiner Sohnemänner: *„Horch amol, Babba, wegen der zur Zeit indensivm Rassismusdebadde sachd mer nimmer „Schwarzwald", sondern „Maximal pigmendierde Baumansammlung."* Und der andere Junior ergänzte, dass es nicht mehr „Zigeunerschnitzel" heißt, sondern „Schweineschnitzel nach Art eines Rotationseuropäers."

An dieser Stelle sei zum wiederholten mal an meinen alten Herrn erinnert, der mir immer wieder sehr eindringlich den folgenden Satz ins Denkzentrum eingepflanzt hat: „Ein Wort wird erst dadurch zum Schimpfwort, wenn es böse gemeint ist." Ich weiß, dass ich mich da wiederhole, ist aber aus didaktisch-pädagogischen Gründen vorsätzlich so gewollt – gell!

Darüber hinaus sei auch daran erinnert, dass die Jugend gerade in diesen Zeiten sehr fantasievoll, humorvoll, spitzfindig und kreativ standardmäßige Begriffe durch neue, natürlich nicht ernst gemeinte Bezeichnungen ersetzt. Und diese Jungen haben aber auch nicht den Anspruch, gefälligst als sprach-polizeiliche Richtlinie zu gelten.

Schwitzen gilt als Achselterror, Diebstahl heißt „Fünf-Finger-Rabatt" und der Dieb selbst „Fachkraft für Eigentumsübertragung." Dummköpfe sind „bildungsresistente Intelligenzallergiker", Schnäpse sind „Flüssigkeiten mit Destillationshintergrund" und der intime körperliche Kontakt wird zum „kreativ-phantasievollen Engagement im Genitalbereich."
Klingt doch alles gut – oder?

DIE SPRACHE ÄNDERT SICH – UND WIRD MANCHMAL LUSTIG 2

Ich möchte hier mal den imaginären Weihrauchkessel schwenken für unsere Jungen, die unsere Sprache mit herzhaften Verbalinjurien schmücken. Manchmal klingt das – aber nur vermeintlich – ein bisschen despektierlich. Manche Menschen mögen sich dadurch auch mal gerne beleidigt fühlen. Ist OK. Sollen sie. Trotzdem beweihräuchere ich die Phantasie vieler jungen Menschen der momentanen „jungen" Generation, weil sie selbst in schwierigen Zeiten den Humor und den phantasiesprachlichen Erfindergeist nicht verlieren.

Erst neulich im Bus sagt der eine Jugendliche zum anderen: „Du Nagetier mit Kanalisationshintergrund." Natürlich hat er eine Ratte gemeint – und gegrinst dabei. Das ist der Humor der Jungen, den ich liebe. Da wird mit schöpferischer Kraft der sprachliche Alltag aufgehübscht. Der Osterhase wird umgetauft in „Frühlingsschokoladenhohlkörper" und der Spaziergang in „Fortbewegung ohne konkreten Grund." Das Wort „Schneemann" ist gendermäßig auf einmal unkorrekt und heißt künftig: „Aus Eiskristallen nachgebildete geschlechtsneutrale Figur."

Nimmt man zu an Gewicht, ist das ein „horizontales Wachstum", aus der Bevölkerungsexplosion wird „überdimensionaler Zuwachs an Humankapital" und beim Geschlechtsteil eines Elefanten spricht der ausgebuffte Sprachprofi vom „Dick-Tier-Gerät." Aha! Die Toiletten im Wirtshaus haben übrigens den Namen „Reduzierhalle" bekommen. Die Schönheitschirurgie wurde umbenannt in „Änderungsfleischerei" und nicht sehr begabte Menschen in „Allround-Laie."

Der Zeitgeist verändert die Sprache. Was früher also avantgardistisch war, ist heute jugendlicher „Mainstream."

Hier kommt ein fast schon intellektuelles Geschoss: Sicher ist folgendes Tankstellenschild bekannt: „Letzte Tankstelle vor der Autobahn." Findige Humorbolzen haben das Wort „Autobahn" überklebt und darauf geschrieben: „NÄCHSTEN." Von meiner Seite aus: Daumen hoch!

Meine investigative Befragung im Jugendbereich zum Thema „Sprachliche Entwicklungen" ging aber noch viel weiter. Wirklich fulminante Rhetorik hat mich beim nächsten Thema überrascht. Es ging um einen Ideenwettbewerb für Mülltonnenaufkleber, der nicht nur in Nürnberg, sondern auch in anderen Städten manch nette Idee zu Tage förderte. Hier ein paar Beispiele:

- Artgerechte Müllhaltung
- Herzlich müllkommen
- Bin für jeden Dreck zu haben
- 24 Stunden geöffnet
- Mal sehen, was für mich abfällt
- Müll mich zu

Und hier kommt das letzte Thema für dieses Kapitel. Ich habe ein paar junge Bankangestellte interviewt. Hintergrund: Immer wieder kommt es vor, dass findige Bankkunden lustige Bemerkungen in die Zeile „Überweisungsgrund" schreiben. Die Jungen sammeln so etwas. Hier eine kleine Auswahl:

- Damit du nicht hungern musst
- Geld stinkt nicht
- Make Überweisung great again
- Hier könnte ihre Werbung stehen
- Nicht alles auf einmal ausgeben
- Almosen
- Danke für die schöne Nacht
- Ist ja gut, ich zahl ja schon
- Bitte umgehend zurücküberweisen
- Für erotische Gefälligkeiten

SCHNIPSEL 1

Es gibt Jokes, lustige Sprüche, geistreiche oder geistlose Sätze usw., die einerseits der Nachwelt erhalten bleiben sollten, andererseits nicht gleich einer speziellen Kategorie zuzuordnen sind.

Ein blödsinnsmäßiges Durcheinander also. Dafür gibt es ein probates kategorisches Mittel: Die Abteilung „Schnipsel." Das ist eine extra Schublade für dummes oder gescheites Zeug. In dieser Schublade liegen also Geschichten, die zu schade sind, um vergessen zu werden …

Neulich im Wirtsgarten:
„Herr Ober, ein Glas Bier bitte."
Der Ober:
„Im Garten leider nur Fäßchen"

Telefonat zweier Freundinnen: „Mir ist dermaßen langweilig, das gibt's gar nicht. Ich hab dann gestern den Stadtstrand auf der Insel Schütt gestaubsaugt. Danach hab ich noch Nürnberg feucht durchgewischt."

Zwei Kolleginnen unterhalten sich:
„Ich habe getindert, weil ich einen aufregenden Mann gesucht hab.
Jetzt hab ich einen gefunden, der regt mich jetzt schon auf."

Opa kommt vom Arzt und ist von der Diagnose völlig deprimiert. Sein Kommentar:
„Mein Leben lang habe ich Bier, Sekt, Schnaps und Wein getrunken. Und jetzt hab ich Wasser in den Beinen. Das kann nur beim Zähneputzen passiert sein."

Zum Thema Chuck Norris:
Chuck Norris hatte Corona.
Jetzt muss das Virus in Quarantäne.
Wenn Chuck Norris nießt und hustet, dann kaufen sich die Viren Nudeln und Klopapier! Alles klar?

Stimmt es, dass man die Fahrt zum Impfzentrum „Spritztour" nennt?

Verabschiedung am Ärztestammtisch:
Augenarzt: Auf Wiedersehen
Ohrenarzt: Ihr hört von mir
Urologe: Ich verpiss mich jetzt
Gynäkologe: Ich schau mal wieder rein

Forscher der UNI Köln
haben herausgefunden,
sie haben dann auch
wieder hereingefunden.

Neue Netz-Schimpfwörter:
Blöde Q
V-les Schwein

Zwei Kumpels treffen sich nach langer Zeit.
Der eine fragt: „Du siehst so verhärmt aus.
Hast du schon lange nicht mehr gebeischlaft?"

Die dümmste aller Diskussionen, nämlich die über Diversitäten, treibt tolle
Blüten. Es gibt deswegen immer mehr indianische Begriffe, die übersetzt werden:
Angela Merkel – Die den Hosenanzug nicht scheut.
Windows – Weißer Mann, der auf die Sanduhr schaut.

CO_2-Ausstoß in Franken ist natürlich
immer auch eine Frage von Stadtwurst
mit Musik.

Alle Menschen sind gleich –
Mir jedenfalls!

Wir brauchen ganz dringend
neues Leergut!

Die Nürnberger wohnen in Nürnberg. Die Kölner wohnen in Köln.
Die Münchner wohnen in München.
Die Hamburger wohnen – bei McDonald und Burgerking.

SCHNIPSEL 2

… „Schnipsel" nennt man nicht nur die Textfragmente, die einer Erwähnung wert sind, sondern auch die, die in dem jeweils zuständigen Kapitel keinen Platz mehr gefunden haben. Hier geht es also um eine Resterampe von ausgesuchtem Blödsinn. Eine weitere individuelle Selektion seitens des Lesers ist natürlich völlig legitim …

Früher musste man Gags schreiben, wo die Leute richtig lachen.
Heute muss man Gags schreiben, wo die richtigen Leute lachen.

Was ist eigentlich gefährlicher? Urananreicherung im Urin oder Urinanreicherung im Iran?

Bist du eigentlich glücklich?
Wenn man das Berufsleben UND das Privatleben weglässt, dann geht's ganz gut!

Können sich zwei Clowns eigentlich ungeschminkt die Meinung sagen?

Es gibt zwei Worte, die dir im Leben jede Türe öffnen: „ZIEHEN" und „DRÜCKEN."
Perfekt – oder?

Nach einem Besuch bei Oma und Opa sind die Kinder erziehungstechnisch wieder auf „Werkseinstellungen" zurückgesetzt.

Fragen gleich nach dem Aufwachen:
Wie kriege ich es hin, meine Augen aufzubringen?
Warum ist es da draußen schon so hell?
Warum ist es schon 14 Uhr?
Warum ist die Schwerkraft schon länger wach als ich?

Wir müssen festhalten, dass loslassen wichtig ist.

Eines muss ich meiner Faulheit lassen:
Kondition hat sie!

Langeweile in Coronazeiten?
Man kann   dem Wasserhahn beim Tropfen zusehen,
             der Farbe beim Trocknen zusehen,
             der Natur beim Natürlichsein zusehen,
             der Wäsche beim Gewaschenwerden zusehen,
oder im Radio einer Life-Reportage über Dressur-Reiten zuhören.

Eine Henne, die überdurchschnittlich viele Eier legt, nennt man die wirklich legende LEGENDE?

Wer mit Fremdwörtern nicht umgehen kann, der muss halt unbedingt die Frequenzen tragen.

Kann man diese Fragen beantworten?
Warum ist ein scheinheiliger Friede besser als ein heiliger Krieg?
Kommen Kalifen wirklich aus Kalifornien?
Ist ein Metzger bei der ersten Schlachtung ein blutiger Anfänger?
Kann man Flutlicht auch bei Ebbe einschalten?
Warum heißen Blumen, die nicht wachsen, Wachsblumen?
Heißen die Ureinwohner der Sahara wirklich Wüstlinge?

Beginne den Tag mit einem Lächeln, dann hast Du's hinter dir.

Dreiviertel sind nix Halbes und nix Ganzes.

Prognosen sind oftmals sehr schwierig, überhaupt, wenn sie die Zukunft betreffen.

BEMERKUNG ZUM HERBST IN NÜRNBERG

Was auch immer ich in meinem Leben publiziert, geschrieben, beschrieben und veröffentlicht habe – es war immer geprägt von humorvollen Gedanken und Ideen. Ich war nie der Philosoph, der Mahner, der Nachdenkliche und schon gar nicht der mit dem erhobenen Zeigefinger.

Wollte ich auch nie sein.

Aber: Der Kontakt mit den Menschen vom fränkischen Autorenverband und vom Collegium Nürnberger Mundartdichter, die sich ja oft der lyrischen Abteilung zugehörig fühlen, hat mich dazu angeregt, wenigstens einmal den Versuch zu machen, nicht ausschließlich und nicht nur Blödsinn zu verzapfen.

Die geneigten Leserinnen und Leser mögen es mir nachsehen, denn auf der einen Seite war es einfach ein Versuch, auf der anderen Seite aber auch eine Herzensangelegenheit, ein einziges mal ein bisschen ernster zu schreiben. Ein bisschen wenigstens. Soll auch nicht wieder vorkommen.

Versprochen.

HERBST IN NÜRNBERG

Es ist mitten im Herbst im letzten Jahr. Den ersten Lockdown gerade hinter uns, im Kopf die Hoffnung, dass es nicht noch schlimmer oder vielleicht sogar besser werden wird. Möglichst bald. Vom zweiten Lockdown zeitlich und gefühlt in Gedanken noch weit entfernt. Die Sonne hat gerade ihre Spendierhosen an und verbreitet verschwenderisch warme und wärmende Strahlen. Es ist Nachmittag. Schon der Bummel in der Altstadt Nürnbergs lässt meine sonst hellwachen Sinne herunterfahren. Und ein Begriff, der in meinem Leben im Lauf der Zeit immer größere Bedeutung bekommen hat, stülpt sich wie ein weicher Pullover über mich: Wohlfühlfaktor!

Im Gepäck nur die Spiegelreflexcamera – sonst nichts. Der Versuch, nicht nur interessante Abbildungen rational zu dokumentieren, sondern emotionale Stimmungen mit dem Fotoapparat einzufangen, ist immer wieder reizvoll. Eine Ruhepause im Stadtpark soll den Nachmittag abrunden. Froh, dort eine leere Parkbank gefunden zu haben, setze ich mich hin. Was für eine Atmosphäre. Sicher gibt es Lyriker und Philosophen, die das Farbkleid der Natur blumiger beschreiben. Ich empfinde es so: Die warmen Farbtöne der Blätter deuten einen Rest des saftigen Sommer-Grüns an, und die gelben und braunen Töne changieren weich ins Purpur-Rot. Dazwischen blinzelnde Sonnenstrahlen. So in etwa müssen die alten italienischen Maler das berühmte Sfumato-Licht in der Toscana empfunden haben.

Ich frage mich, wie man in dieser Situation Verkehrsgeräusche akustisch wegfiltern, ausblenden kann, damit sich die Ohren nur auf das Vogelgezwitscher und das Blätterrauschen einlassen können.

Und jetzt: Wie in den Kursen für autogenes Training gelernt: die Atmung kontrolliert, das Wärme- und das Schwere-Gefühl herbeiempfunden, den Blutkreislauf gedanklich verlangsamt und im Kopf wie eine Monstranz vor mir hergetragen nur das eine Wort: Ruhe. Und das wiederholt sich mit tibetanischer Gebetsmühlenhaftigkeit. Wohlgefühl macht sich breit. So sitze ich da, einen kleinen Moment lang mit geschlossenen Augen.

Aber dann: Etwas in mir regt sich, etwas neben mir bewegt sich. Augen wieder auf. Neben mir sitzt ein älterer Mann. Grauweises Haar und ein grauweiser Bart rahmen sein Gesicht ein. Ein behäbiges, gütiges Bild. Nur seine hellwachen freundlichen, fast schon etwas verschmitzten Augen sprechen ein ganz anderes Bild.

Ich frage ihn: „Wie kommen sie hierher, wer sind sie denn?" Lächelnd antwortet er mit sonorer Stimme, und das sogar irgendwie glaubhaft: „Ich bin der liebe Gott." „Und was machen sie hier in Nürnberg?" frage ich überrascht. Und seine Antwort besteht aus nur vier Worten: „Ich mache hier Homeoffice."

Schön.

NACHWORT

Ich habe keine Ahnung, wann oder in welcher Zeit Sie, liebe Leserin oder lieber Leser, dieses Buch gelesen haben. Oder gerade lesen. Geschrieben habe ich es im Jahr der Corona-Pandemie anno 2021. Also in einer Zeit, die man im Nachkriegsdeutschland so oder so ähnlich nie erlebt hat.

Im Rahmen der wöchentlichen „Sonntags-Blödsinns-Zettel" im Austausch mit manchen Kollegen vom Autorenverband sinniert man dann jedes Wochenende darüber nach, wie man sein Umfeld etwas aufheitern kann. Und das in den Zeiten, mit deren Auswirkungen und Umständen sich manche Menschen sehr schwer tun. Es waren ja völlig neue Erfahrungen. Für uns alle.

Seit ich zurückdenken kann, habe ich nie Lockdown, Ausgangsbeschränkungen, Herunterfahren des wirtschaftlichen und kulturellen Lebens, Maskenpflicht oder ähnliche Dinge erlebt. Ja, ich weiß, in manchen Fällen war es ganz gut, dass eine Gesichtsmaske dabei half, nicht das komplette Konterfei eines jeden Menschen sehen zu müssen. Aber das nur am Rande.

Natürlich hoffen wir, nicht irgendwann einmal zurückblicken zu müssen und dann feststellen zu müssen: „Was waren das für ungewohnte 10 Jahre." Und was haben wir in dieser schon etwas verrückten Zeit nicht alles erlebt. Bei vielen Menschen konnte man dazwischen mal hinter die Fassade blicken. Ja, da sah es dann überraschenderweise ab und zu etwas anders aus, als gewohnt. Berufshektiker entpuppten sich als ruhender Pol, augenscheinlich gelassene Typen waren komplett am Ausrasten, und manche Menschen brauchten nicht mal eine Laktose, um intolerant zu sein.

Und genau da meldet sich bei mir immer wieder mal mein ausgeprägter Sinn für alte Lebensweisheiten. Die verlieren doch nie im Leben ihre Gültigkeit. Eine davon heißt: „Mit Humor geht alles besser." Natürlich taucht an dieser Stelle sofort die Frage auf: „Darf man über ein Virus lachen? Darf man sich über manche Auswirkung einer Pandemie lustig machen?"

Man darf nicht nur, man sollte sogar. Oder man muß.

Warum? Lachen nimmt immer ein Stück Angst. Außerdem ist Humor ein längst erprobtes Mittel, mit Krisen umzugehen. Erlebe ich selbst zur Zeit. Es gibt ja auch genügend impulsgebende Kräfte, die in den Medien auf allen Ebenen nette Beweise liefern. Markus Krebs hat den Brennholzverleih erfunden, Thorsten Sträter fragt, ob ein kleiner Hühne wirklich Hühnchen genannt wird und Dieter Nuhr moderiert das alles lustig und trotzdem hochintelligent. Nicht zu vergessen Freund Luigi, der unbedingt noch Satzzeichen für die Buchstabensuppe erfinden möchte.

Ich habe für mich jedenfalls beschlossen – wenn diese ganze Corona-Pandemie mit Lockdown und Homeoffice vorbei ist – mir erst mal ein paar Tage Ruhe zuhause auf dem Sofa zu gönnen.
(Es darf geschmunzelt werden.)

Ihnen wünsche ich jedenfalls mit streng fränkischem Idiom:
„*Bassns mer schäi af sich aaf, und bidde ned vergessn. Xund bleim – gell.*"

Jürgen Leuchauer, 2021

GLACHD WERD
etz erschd rechd!

BESONDERER DANK AN ...

Es waren viele Danksagungen,
die ich in meinem ersten und zweiten Buch verankert habe.

Jeder einzelne besondere Dank war auch gerechtfertigt und gilt immer noch ungeschmälert, auch für das vorliegende dritte Buch.
Dies alles im Detail aber nochmal komplett zu wiederholen, wäre nicht sinnvoll.

Trotzdem möchte ich ein paar Dankesworte an ein paar Personen richten, die für die Entstehung dieses dritten Bandes wichtig waren.

Bei der Verleger-Familie Schnell möchte ich mich zuallererst höflich und herzlich bedanken, und zwar für das Vertrauen und für die Zuversicht, auch diesen dritten Band zu verlegen.

Ein besonderer Dank gilt Alexander Wolf, Patrick Mändl, sowie Cornelia Hädrich vom Verlag Nürnberger Presse.
Die Zusammenarbeit war wirklich freundlich, konstruktiv, sehr nett und angenehm.

Des Weiteren möchte ich mich herzlich bedanken bei Lucia Geitner.
Sie war bei allen drei Bänden zuständig für die absolut gelungene Grafik und Gestaltung. Vielen Dank auch dieses mal für die Mühe.

Ausgerechnet während der Entstehungszeit dieses Buches hat der Corona-Virus nicht nur viele Menschen erwischt, auch ein Festplattenvirus hat meinen PC zerlegt. Wirklich.

Es war wiederum mein „PC-Doggder" Thomas März, dem ich die Rettung schlechthin verdanke. „Thomas – Du bist der Beste!"

Als gelernter Schriftsetzer und Typograf darf ich auch einen Dank an das Team der Druckerei Emmy Riedel in Gunzenhausen richten, und zwar mit dem traditionellen Setzer- und Druckergruß: „Gott grüß die Kunst!"

Und jetzt darf ich mich an dieser Stelle auch endlich mal bedanken bei den Freunden und Kumpels meiner Stammtische, und zwar für die immer wieder hilfreichen, lustigen, teilweise blödsinnigen Anregungen. Da kam viel Stoff für alle drei Bände zusammen.

Das sind mein Donnerstags-Stammtisch beim Italiener, mein Angelo-Stammtisch, mein Freitag-Mittags-Stammtisch, meine Montags-Radlergruppe, mein Gaulnhofer Herrenabend und mein Debeka-Oldie-Stammtisch. Danke – Mädels und Jungs.

Hörbuch Neighorchd!
ISBN 978-3-931683-50-4 · **14 €**

Allmächd – des aa nu!
ISBN 978-3-931683-42-9 · **14 €**

Gäih weider – hogg di her!
ISBN 978-3-931683-38-2 · **14 €**

WIR SIND

NÜRNBERGER
Nachrichten

NZ NÜRNBERGER
ZEITUNG

VERLAG NÜRNBERGER PRESSE